Na Ubook você tem acesso a este e outros milhares de títulos para ler e ouvir. Ilimitados!

Audiobooks Podcasts Músicas **Ebooks Notícias** Revistas Séries & Docs

Junto com este livro, você ganhou **30 dias grátis** para experimentar a maior plataforma de audiotainment da América Latina.

Use o QR Code

OU

1. Acesse **ubook.com** e clique em Planos no menu superior.
2. Insira o código **GOUBOOK** no campo Voucher Promocional.
3. Conclua sua assinatura.

ubookapp

ubookapp

ubookapp

Paixão por contar histórias

Arthur Conan Doyle

Um Estudo em Vermelho

TRADUÇÃO
UBK Publishing House

Copyright da tradução © 2019 por Ubook Editora S.A.

Todos os direitos reservados. Nenhuma parte deste livro pode ser utilizada ou reproduzida sob quaisquer meios existentes sem autorização por escrito dos editores.

COPIDESQUE	Nathalia Condé
REVISÃO	Anna Beatriz Seilhe
CAPA E PROJETO GRÁFICO	Bruno Santos
IMAGEM DA CAPA	gstudioimagen / Freepik.com

Dados Internacionais de Catalogação na Publicação (CIP)
(Câmara Brasileira do Livro, SP, Brasil)

Doyle, Sir Arthur Conan, 1859-1930.
Um estudo em vermelho / Sir Arthur Conan Doyle ; tradução UBK Publishing House. -- Rio de Janeiro : Ubook Editora, 2020.

Título original: A study in scarlet.
ISBN 978-85-9556-169-4

1. Ficção policial e de mistério (Literatura inglesa) I. Título.

20-32379　　　　　　　　　　　　　　CDD-823.0872

Ubook Editora S.A
Av. das Américas, 500, Bloco 12, Salas 303/304,
Barra da Tijuca, Rio de Janeiro/RJ.
Cep.: 22.640-100
Tel.: (21) 3570-8150

PARTE I

CAPÍTULO I

SR. SHERLOCK HOLMES

Em 1878 me formei doutor em medicina pela Universidade de Londres e logo fui para Netley para fazer o curso prescrito para os cirurgiões do Exército. Tendo completado lá os meus estudos, eu estava devidamente anexado ao Quinto Regimento de Fuzileiros de Northumberland como cirurgião assistente. O regimento estava estacionado na Índia na época e, antes que eu pudesse me juntar a ele, a Segunda Guerra Afegã eclodiu.

Ao pousar em Bombaim, soube que as minhas tropas tinham avançado através das passagens e já estavam se embrenhando fundo no país inimigo. Segui, no entanto, com muitos outros oficiais que estavam na mesma situação que eu, e conseguimos chegar a Candahar em segurança, onde encontrei o meu regimento e imediatamente assumi os meus novos deveres.

A campanha trouxe honras e promoções para muitos, mas para mim nada além de desgraça e desastre. Fui removido da minha brigada e ligado aos Berkshires, com quem servi na batalha fatal de Maiwand. Lá fui atingido no ombro por uma bala de *jezail*, que partiu meu osso e raspou a artéria subclávia. Eu teria caído nas mãos dos *ghazis* assassinos se não fosse a devoção e a coragem demonstradas por Murray, o meu auxiliar, que me atirou em um cavalo de carga e conseguiu me levar em segurança às linhas britânicas.

Desgastado pela dor, e fraco pelas dificuldades prolongadas que tinha sofrido, fui removido, com um grande grupo de feridos, para o hospital de base em Peshawar. Ali me recuperei, e já tinha melhorado ao ponto de conseguir andar pelas alas e até mesmo de me deleitar um pouco na varanda, quando fui atingido pela febre entérica, aquela maldição de nossas posses indianas. Durante meses a minha vida foi um desespero. Quando finalmente voltei a mim mesmo e me tornei convalescente, eu estava tão fraco que uma junta médica determinou que não se devia desperdiçar mais nenhum dia: eu deveria ser enviado imediatamente de volta à Inglaterra.

Fui despachado, portanto, no navio *Orontes*, e pousei um mês depois no cais de Portsmouth, com minha saúde arruinada de modo irremediável, mas com a permissão de um governo paternal para passar os próximos nove meses tentando melhorá-la.

Eu não tinha parentes na Inglaterra e era, portanto, tão livre quanto o ar — ou tão livre quanto uma renda de onze xelins e algumas moedas por dia permitiam que um homem fosse. Sob tais circunstâncias, eu gravitei até Londres, aquela grande latrina para onde todos os vadios e preguiçosos do Império são irresistivelmente atraídos. Lá fiquei por algum tempo em um hotel privado na Strand, levando uma existência sem conforto, sem sentido e gastando tanto dinheiro quanto eu tinha, consideravelmente mais libertinamente do que eu deveria. O estado das minhas finanças se tornou tão alarmante que logo percebi que tinha que sair da metrópole e me alojar em algum lugar do interior, ou que tinha que fazer uma alteração completa no meu estilo de vida. Escolhendo a última alternativa, comecei por me convencer a deixar o hotel e procurar aposentos num domicílio menos pretensioso e menos caro.

No mesmo dia em que cheguei a esta conclusão, eu estava no bar

Criterion, quando alguém bateu no meu ombro e, me virando, reconheci o jovem Stamford, que tinha sido meu assistente de sala de operação no Barts. A visão de um rosto amigável no grande deserto de Londres é uma coisa agradável para um homem solitário. Stamford nunca tinha sido um amigo meu, mas o chamei com entusiasmo. Ele, por sua vez, parecia estar encantado por me ver. Na exuberância da minha alegria, convidei-o para almoçar comigo no Holborn e partimos juntos em um *hansom*.

— O que tem feito com você mesmo, Watson? — perguntou ele, sem disfarçar a surpresa, enquanto nos movíamos pelas ruas lotadas de Londres. — Está tão magro quanto uma ripa e tão torrado quanto uma noz.

Eu lhe dei um breve esboço das minhas aventuras, e mal tinha concluído no momento em que chegamos ao nosso destino.

— Pobre diabo! — disse ele, com pesar, depois de ter escutado as minhas desgraças. — E o que você está tramando agora?

— Estou à procura de um alojamento! — respondi. — Tentando resolver o problema de se é possível conseguir quartos confortáveis a um preço razoável.

— Isso é estranho — comentou o meu companheiro. — você é o segundo homem *hoje* que ouvi usar essa expressão.

— E quem foi o primeiro?

— Um conhecido que trabalha no laboratório químico do hospital. Se lamentava esta manhã porque não conseguia alguém para dividir despesas de alguns quartos bonitos que ele tinha encontrado, e que eram demais para o seu bolso.

— Por Deus! — gritei — Se ele quer mesmo alguém para dividir os quartos e as despesas, eu sou o homem perfeito. Prefiro ter um parceiro a estar sozinho.

O jovem Stamford me olhou de forma estranha por cima do seu copo de vinho.

— Você ainda não conhece Sherlock Holmes — disse ele. — Talvez não goste dele como companheiro constante.

— Por quê, o que há contra ele?

— Oh, eu não disse que havia nada contra ele. Ele é um pouco estranho das ideias, um entusiasta em alguns ramos da ciência. Pelo que sei, é um homem decente o suficiente.

— Um estudante de medicina, suponho...

— Não, não faço ideia do que ele pretende fazer. Acredito que ele é muito bom em anatomia, e é um químico de primeira classe. Mas, pelo que sei, ele nunca teve aulas de medicina sistemática. Seus estudos são muito incoerentes e excêntricos, mas ele acumulou muitos conhecimentos incomuns que surpreendem seus professores.

— E você nunca perguntou qual era sua pretensão? — perguntei.

— Não, ele não é um homem fácil de atrair, embora possa ser suficientemente comunicativo quando a fantasia o apanha.

— Gostaria de conhecê-lo. Se eu tiver que morar com alguém, prefiro um homem estudioso e silencioso. Ainda não estou forte o suficiente para aguentar muito barulho ou excitação. Tive o suficiente de ambos no Afeganistão para o resto da minha existência. Como eu poderia conhecer esse seu amigo?

— Sem dúvidas, ele vai estar no laboratório — devolveu o meu companheiro. — Ou ele evita o lugar durante semanas, ou então trabalha lá de manhã até a noite. Se quiser, vamos até lá juntos depois do almoço.

— Com certeza — respondi, e a conversa divagou para outros assuntos.

Quando chegamos ao hospital, depois de sairmos de Holborn, Stamford me deu mais alguns pormenores sobre o cavalheiro que eu considerava ter como companheiro de apartamento.

— Você não deve me culpar se não se der bem com ele. Eu não sei mais nada dele além do que aprendi ao encontrá-lo ocasionalmente no laboratório. Você propôs este acordo, por isso não deve me responsabilizar.

— Se não nos dermos bem, será fácil seguirmos caminhos diferentes. — E acrescentei, olhando com atenção para o meu companheiro: — Me parece, Stamford, que tem alguma razão para lavar as mãos sobre o assunto. O temperamento deste homem é assim tão formidável ou o quê? Não hesite! Me fale de uma vez!

— Não é fácil expressar o inexprimível — respondeu ele com um riso. — Holmes é muito científico para o meu gosto, se aproxima do sangue-frio. Eu poderia imaginar ele dando a um amigo uma pequena pitada do último alcaloide vegetal, não por malevolência, entenda, mas apenas por um espírito de investigação, para ter uma ideia precisa dos efeitos. Para lhe fazer justiça, acho que o tomaria ele mesmo com a mesma prontidão. Parece ter uma paixão pelo conhecimento definitivo e exato.

— Está certo, oras.

— Sim, mas pode ser exagerado. Quando espanca cadáveres nas salas de dissecação com um pau, certamente deixa as coisas bem bizarras.

— Bate nos cadáveres?

— Sim, para verificar até que ponto os hematomas podem ser produzidos após a morte. Eu vi com os meus próprios olhos.

— E ainda assim você diz que ele não é um estudante de medicina?

— Não. Só Deus sabe quais são os objetivos dos seus estudos. Mas aqui estamos nós, e você deve formar as suas próprias impressões sobre ele.

Enquanto ele falava, viramos na rua estreita e passamos por uma pequena porta lateral, que se abriu em uma das alas do grande hospital. Era um terreno familiar para mim, e eu não precisava de nenhum guia enquanto subíamos a escadaria de pedra sombria e fazíamos o nosso caminho pelo longo corredor com a vista de paredes pintadas de branco e portas coloridas em pardo. Perto da extremidade mais afastada, uma passagem arqueada se ramificava para longe e levava ao laboratório químico.

Este era uma câmara de teto elevado, forrada e repleta de inúmeras garrafas. Mesas largas e baixas estavam espalhadas por todo o lado, com réplicas, tubos de ensaio e pequenos bicos de Bunsen com suas chamas azuis cintilantes. Havia apenas um aluno na sala, que se debruçava sobre uma mesa, distante, absorvido em seu trabalho. Ao som dos nossos passos ele olhou em volta e saltou de pé com um grito de prazer.

— Encontrei! Encontrei! — gritou ao meu companheiro, correndo na nossa direção com um tubo de ensaio na mão. — Encontrei um reagente que é precipitado pela hemoglobina, e por nada mais.

Maior prazer não teria brilhado em suas feições se ele tivesse descoberto uma mina de ouro.

— Dr. Watson, sr. Sherlock Holmes — disse Stamford, nos apresentando.

— Como você está? — perguntou de forma cordial, agarrando a minha mão com uma força pela qual dificilmente lhe teria dado crédito. — Você esteve no Afeganistão, percebo.

— Como sabe disso? — perguntei espantado.

— Esquece — disse ele, rindo para si mesmo. — A pergunta agora é sobre a hemoglobina. Sem dúvida você vê o significado desta minha descoberta?

— É interessante, quimicamente, sem dúvida... — respondi. — Mas, na prática...

— É a descoberta médico-legal mais prática dos últimos anos. Não vê que nos dá um teste infalível para manchas de sangue? Venha!

Ele me agarrou pela manga do casaco em sua ânsia e me arrastou para a mesa na qual estava trabalhando.

— Precisamos de um pouco de sangue fresco — comentou, cavando o dedo com uma longa agulha e tirando a gota de sangue resultante com uma pipeta química. — Agora, adiciono esta pequena quantidade de sangue a um litro de água. Você percebe que a mistura resultante tem a aparência de água pura? A proporção de sangue não pode ser superior a um em um milhão. Não tenho dúvida, porém, de que seremos capazes de obter a reação desejada.

Enquanto ele falava, atirou no recipiente alguns cristais brancos, e depois adicionou algumas gotas de um fluido transparente. Em um instante, o conteúdo assumiu uma cor mogno maçante, e uma poeira acastanhada precipitou-se para o fundo do frasco de vidro.

— Rá-rá! — gritou, batendo palmas e parecendo tão encantado como uma criança com um brinquedo novo. — O que acha disso?

— Parece ser um teste muito delicado — comentei.

— Lindo! Lindo! Lindo! O velho teste do Guiacum era muito desajeitado e incerto. Assim como o exame microscópico dos corpúsculos sanguíneos. Este último é desprovido de valor se as manchas tiverem algumas horas de idade. Agora, isto aqui parece agir sendo o sangue velho ou novo. Se este teste tivesse sido inventado antes, centenas de homens que agora andam pela terra há muito teriam pagado a pena dos seus crimes.

— De fato! — murmurei.

— Os casos criminais continuamente se baseiam nesse ponto. Um homem é suspeito de um crime meses depois de ter sido cometido. A roupa de cama ou de banho é examinada, e... manchas acastanhadas são descobertas nelas. São manchas de sangue, ou manchas de lama, ou manchas de ferrugem, ou manchas de frutas, ou o quê? Essa é uma pergunta que intrigou muitos especialistas, e por quê? Porque não havia nenhum teste confiável. Agora temos o teste de Sherlock Holmes, e não haverá mais dificuldades.

Os olhos dele brilhavam enquanto ele falava. Colocou a mão sobre o coração e se curvou como se estivesse frente a uma multidão aplaudindo, invocada pela própria imaginação.

— Está de parabéns — comentei, consideravelmente surpreso com o seu entusiasmo.

— Houve o caso de Von Bischoff em Frankfurt no ano passado. Ele certamente teria sido enforcado se este teste existisse. Havia também Mason de Bradford, o famoso Muller, e Lefevre, de Montpellier, e Samson, de Nova Orleans. Poderia citar uma série de casos em que teria sido decisivo.

— Você parece ser um calendário do crime — disse Stamford com uma gargalhada. — Pode começar um jornal nesse ramo e chamá-lo de *Notícias policiais do passado.*

— Uma leitura muito interessante pode ser feita, também — comentou Sherlock Holmes, colocando um pequeno pedaço de emplastro sobre a picada no próprio dedo. — Tenho que ter cuidado — continuou, se voltando para mim com um sorriso —, porque gosto muito de venenos.

Ele estendeu a mão enquanto falava e percebi que estava toda marcada com pedaços de emplastro semelhantes e descolorida por ácidos fortes.

— Nós viemos aqui a negócios — disse Stamford, sentado em um banco alto de três pernas, e empurrando outro na minha direção com o pé. — O meu amigo aqui precisa de um alojamento, e como estava se queixando de que não conseguia ninguém para dividir um, pensei que era uma boa ideia trazê-lo comigo.

Sherlock Holmes parecia encantado com a ideia de partilhar os seus quartos comigo.

— Estou de olho numa suíte em Baker Street — disse ele — que nos serviria muito que bem. Não se importa com cheiro forte de tabaco, espero?

— Eu fumo sempre o tabaco feito a moda dos navios — respondi.

— É bom o suficiente. Geralmente tenho produtos químicos e ocasionalmente faço experiências. Te incomoda?

— De maneira nenhuma.

— Deixe-me ver... quais são as minhas outras falhas. Às vezes fico desolado e não abro a boca durante dias. Não ache que estarei amuado quando acontecer. Me deixe em paz, e em breve voltarei a mim. E você, o que tem a confessar agora? É justo que dois companheiros conheçam o pior um do outro antes de começarem a viver juntos.

Ri deste interrogatório.

— Eu mantenho um filhote de buldogue. Sou contra barulhos porque meus nervos estão abalados, e me levanto em todos os tipos de horas ímpias, e sou extremamente preguiçoso. Tenho outros vícios quando estou bem, mas esses são os principais no momento.

— Tocar violino está incluído na sua categoria de barulhos? — perguntou ele, ansioso.

— Depende de quem está tocando — respondi. — Um violino bem tocado é um deleite para os deuses, um mal tocado...

— Oh, está tudo certo — exclamou ele, com um riso alegre. — Acho que podemos considerar a coisa como resolvida; isto é, se os quartos forem agradáveis para você.

— Quando vamos vê-los?

— Me encontre aqui ao meio-dia de amanhã, e vamos juntos resolver tudo.

— Está bem, meio-dia em ponto — disse eu, enquanto apertava sua mão.

Stamford e eu o deixamos trabalhando em meio aos seus produtos químicos e caminhamos juntos na direção do meu hotel.

— A propósito — perguntei de repente, parando e me voltando para Stamford —, como é que ele sabia que eu tinha vindo do Afeganistão?

O meu companheiro sorriu enigmático.

— Essa é apenas a sua pequena peculiaridade. Muitas pessoas querem saber como é que ele descobre as coisas.

— Oh! É um mistério? — perguntei, animado, esfregando as mãos.

— Isto é muito interessante. Estou muito grato a você por ter nos apresentado. "O estudo adequado da humanidade é o homem."

— Você tem que estudá-lo, então — disse Stamford, enquanto me despedia. — Mas vai acabar descobrindo que ele é um problemão daqueles. Aposto que ele vai descobrir mais sobre você do que você sobre ele. Adeus.

— Adeus — respondi, e caminhei até o meu hotel, muito interessado no meu novo conhecido.

CAPÍTULO II

A CIÊNCIA DA DEDUÇÃO

Nos encontramos no dia seguinte, como combinado, e inspecionamos os aposentos no número 221B da Baker Street, que ele tinha mencionado. Eles consistiam de uma dupla de quartos confortáveis e uma única grande sala de estar, arejada, alegremente mobiliada e iluminada por duas amplas janelas. O apartamento era tão desejável em todos os sentidos, e os custos pareciam tão razoáveis quando divididos entre nós que o negócio foi fechado no local, e imediatamente pegamos as chaves. Naquela mesma noite, busquei minhas coisas no hotel, e na manhã seguinte Sherlock Holmes me seguiu com várias caixas e malas. Durante um ou dois dias, ficamos ocupados desembalando e distribuindo nossos pertences da melhor forma possível. Assim sendo, gradualmente começamos a nos estabelecer e a nos acomodar em nosso novo ambiente.

Holmes não era um homem difícil de se conviver. Ele era calmo a sua maneira, e seus hábitos eram regulares. Era raro ele acordar depois das dez da manhã, e ele invariavelmente tomava café da manhã e saía antes de eu me levantar. Às vezes ele passava o dia no laboratório químico, às vezes nas salas de dissecação, e às vezes em longas caminhadas, que pareciam levá-lo para as partes mais baixas da cidade. Nada excedia a sua energia quando a excitação do trabalho recaía sobre ele, mas, de vez em quando, uma reação o prendia e, durante dias a fio, ele se deitava no sofá da sala de estar, dificilmente pronunciando uma palavra ou movendo um músculo da manhã à noite. Nessas ocasiões, notei uma expressão tão sonhadora e vaga em seus olhos que, se não fosse por toda a sua temperança, eu poderia ter suspeitado que ele era viciado em algum narcótico.

Com o passar das semanas, o meu interesse por ele e a minha curiosidade em relação aos seus objetivos de vida foram se aprofundando, aumentando gradualmente. Sua própria pessoa e aparência eram tais que chamavam a atenção do observador mais casual. Em altura, ele tinha um pouco mais de 1,80, e era tão magro que parecia ser ainda mais alto. Seus olhos eram afiados e penetrantes, exceto durante os intervalos de torpor que mencionei; e o seu fino nariz de falcão dava à toda a sua expressão um ar de alerta e de decisão. O queixo dele também tinha a proeminência e quadratura que marcam um homem de determinação. Suas mãos eram invariavelmente manchadas de tinta e produtos químicos, mas possuía uma extraordinária delicadeza de toque, como frequentemente tive ocasião de observar quando o via manipular os seus frágeis instrumentos filosóficos.

O leitor pode me achar um intrometido sem esperança quando eu confessar o quanto este homem despertou minha curiosidade e quantas vezes me esforcei para romper com as reticências que ele demonstrava em relação a tudo o que dizia respeito a si mesmo. Mas, antes de me julgar, me deixe lembrá-lo quanto a minha vida andava sem objetivo, e quão pouco as coisas chamavam a minha atenção. Minha saúde me proibia de me aventurar a menos que o tempo estivesse excepcionalmente bom e eu não tinha amigos que me ligavam para quebrar a monotonia da minha existência diária. Nestas circunstâncias, mergulhei de forma ávida no pequeno mistério que pairava ao redor do meu companheiro, e passei muito do meu tempo tentando desvendá-lo.

Ele não estava estudando medicina. Ele mesmo, respondendo a uma pergunta, tinha reiterado a opinião de Stamford sobre esse ponto. Não parecia estar seguindo qualquer curso que pudesse lhe servir como um grau de graduação em ciência, nem qualquer outro portal reconhecido que lhe desse uma entrada no mundo erudito. No entanto, seu zelo por certos estudos era notável e, dentro de limites excêntricos, seu conhecimento era tão extraordinariamente amplo e minucioso que suas observações me surpreenderam bastante. Sem dúvida nenhum homem trabalharia tão arduamente ou alcançaria tal informação precisa, a menos que tivesse um fim definido em vista. Os leitores esporádicos raramente são notáveis pela exatidão de seu aprendizado. Nenhum homem sobrecarrega a sua mente com pequenos assuntos, a não ser que ele tenha uma boa razão para isso.

A sua ignorância era tão notável quanto o seu conhecimento.

De literatura contemporânea, filosofia e política ele parecia não saber quase nada. Quando citei Thomas Carlyle, me perguntou ingenuamente quem era e o que tinha feito. Minha surpresa chegou a um clímax, no entanto, quando eu incidentalmente descobri que ele desconhecia as Teorias de Copérnico e da composição do Sistema Solar. Que qualquer ser humano civilizado nesse século XIX não soubesse que a Terra viajava ao redor do sol parecia ser para mim um fato tão extraordinário que eu não conseguia entender.

— Você parece espantado — disse ele, sorrindo para a minha expressão de surpresa. — Agora que sei, farei o meu melhor para o esquecer.

— Para esquecer?

— Entenda — explicou ele —, considero o cérebro de um homem como um pequeno sótão vazio, e você tem que escolher sua mobília como preferir. Um tolo absorve toda a madeira de todos os tipos com que se depara, então o conhecimento que lhe pode ser útil fica entulhado, ou na melhor das hipóteses, misturado com um monte de outras coisas de modo que ele tem dificuldade de tê-lo em mãos. Agora o hábil trabalhador é muito cuidadoso quanto ao que leva no seu cérebro. Ele não terá nada além das ferramentas que podem ajudá-lo a fazer o seu trabalho, mas destes ele tem uma grande variedade, e tudo na ordem mais perfeita. É um erro pensar que aquele pequeno quarto tem elasticidade e pode se distender até qualquer ponto. Dependa disso e chegará um momento em que para cada adição de conhecimento, você esquecerá algo que sabia antes. É da maior importância, portanto, não ter fatos inúteis expulsando os úteis.

— Mas o Sistema Solar? — protestei.

— Que diabo significa isso para mim? — interrompeu, impaciente.

— Você diz que estamos dando voltas no sol. Se estivéssemos dando voltas na lua isso não faria um centavo de diferença para mim ou para o meu trabalho.

Estava prestes a lhe perguntar qual era esse trabalho, mas algo à sua maneira me mostrou que a pergunta seria indesejável. Ponderei sobre a nossa curta conversa e tentei tirar dela as minhas deduções. Ele disse que não adquiriria nenhum conhecimento que não tivesse a ver com o seu objeto. Portanto, todo o conhecimento que ele possuía lhe era útil. Enumerei em minha própria mente todos os vários pontos sobre os quais ele me mostrou que estava excepcionalmente bem informado. Até peguei um lápis e anotei. Não pude deixar de sorrir para o documento quando o completei. Ficou da seguinte maneira:

SHERLOCK HOLMES — os seus limites.
1. *Conhecimento de literatura. — Nulo.*
2. *Filosofia. — Nulo.*
3. *Astronomia. — Nulo.*
4. *Política. — Frágil.*
5. *Botânica. — Variável. Bom em Beladona, ópio e venenos em geral. Não sabe nada de jardinagem prática.*
6. *Geologia. — Prático, mas limitado. Diferencia em um relance os solos uns dos outros. Depois das caminhadas, ele me mostra salpicos em suas calças e me diz pela cor e consistência em que parte de Londres ele os recebeu.*
7. *Química. — Profundo.*
8. *Anatomia. — Preciso, mas não sistemático.*

9. *Literatura sensacionalista. — Imensa. Ele parece conhecer todos os detalhes de todos os horrores perpetrados no século.*
10. *Toca bem violino.*
11. *É um perito em esgrima, pugilismo e luta de espadas.*
12. *Tem um bom conhecimento prático da lei britânica.*

Quando cheguei nesse ponto da lista, a atirei no fogo em desespero. "Se eu só conseguir descobrir no que ele está trabalhando a partir da reconciliação de todas essas atividades e descobrindo algo que precise de todas elas", disse a mim mesmo, "é melhor desistir da tentativa de uma vez."

Veja que listei suas habilidades com o violino. Estas eram muito notáveis, mas tão excêntricas quanto todos os seus outros feitos. Eu sabia muito bem que ele poderia tocar peças difíceis, porque, a meu pedido, ele já havia tocado algumas *lieder* de *Mendelssohn* e outras favoritas minhas.

Porém, quando deixado sozinho, ele raramente produziria qualquer música ou tentaria qualquer uma reconhecível. Se inclinando para trás em sua cadeira de braços, ele fechava os olhos e raspava descuidadamente o violino, apoiado nos joelhos.

Às vezes os acordes eram sonoros e melancólicos. Ocasionalmente, eram fantásticos e alegres. Era óbvio que refletiam os pensamentos que o possuíam, mas, se a música ajudava esses pensamentos, ou se o jogo era simplesmente o resultado de um capricho ou de uma fantasia, era mais do que eu podia determinar. Eu poderia ter me rebelado contra esses solos exasperantes se não fosse pelo fato de que ele os terminava tocando em rápida sucessão uma série inteira das minhas peças favoritas como uma pequena compensação para o teste da minha paciência.

Durante a primeira semana mais ou menos, não tivemos visitantes, e eu tinha começado a pensar que o meu companheiro era um homem sem amigos, como eu. Depois, porém, descobri que ele tinha muitos conhecidos, e nas mais diferentes classes da sociedade. Havia um pequeno homem de pele amarelada e olhos escuros que lembrava um camundongo, e me foi apresentado como sr. Lestrade, e que nos visitou três ou quatro vezes numa única semana. Numa manhã, uma jovem mulher apareceu bem-vestida e ficou meia hora ou mais. Na mesma tarde, um visitante de cabelos cinzentos e visual sórdido, parecido com um vendedor ambulante judeu, que me pareceu muito entusiasmado, foi seguido por uma mulher idosa e sem jeito. Noutra ocasião, um velho cavalheiro de cabelo branco fez uma entrevista com o meu companheiro. E, num outro dia, um porteiro ferroviário com o seu uniforme de veludo. Quando qualquer um desses indivíduos indistintos aparecia, Sherlock Holmes costumava implorar para usar a sala de estar, e eu me retirava para o meu quarto. Ele sempre me pediu desculpa por me pôr nesta situação inconveniente. "Tenho que usar esta sala como local de negócios", dizia, "e estas pessoas são os meus clientes." Novamente tive a oportunidade de lhe fazer a pergunta, e novamente a minha delicadeza me impediu de forçar outro homem a confiar em mim. Na época, eu imaginava que ele tinha uma forte razão para não falar sobre isso, mas ele logo dissipou a ideia, mencionando o assunto por vontade própria.

Foi no dia 4 de março, como tenho boas razões para lembrar, que me levantei um pouco mais cedo do que o habitual e descobri que Sherlock Holmes ainda não tinha terminado seu café da manhã. A ajudante da casa estava tão acostumada aos meus hábitos tardios que o meu lugar não tinha sido colocado na mesa e o meu café nem fora preparado. Com a petulância irrazoável da humanidade, toquei o sino e dei a entender que eu estava pronto. Então, peguei uma revista da mesa e tentei me entreter com ela, enquanto meu companheiro mastigava silenciosamente a sua torrada. Um dos artigos tinha uma marca de lápis no título e, naturalmente, comecei a passar os olhos por ele.

Seu título um tanto ambicioso era *O livro da vida*, e buscava mostrar o quanto um homem observador poderia aprender por meio de um exame preciso e sistemático de tudo o que vinha em sua direção.

Me parecia uma mistura notável de astúcia e absurdo. O raciocínio era íntimo e intenso, mas as deduções eram rebuscadas e exageradas. O escritor afirmava que por uma expressão momentânea, um movimento de músculo ou um olhar, era possível sondar os pensamentos mais íntimos de um homem. Enganação, de acordo com ele, era uma impossibilidade no caso de um homem treinado para observação e análise.

Suas conclusões eram tão infalíveis quanto tantas proposições de Euclides. Os seus resultados pareciam tão assustadores aos não iniciados que, até aprenderem os processos usados para atingir os resultados, podiam muito bem considerá-lo um necromante.

"De uma gota de água", dizia o escritor, "um lógico poderia inferir a possibilidade de um Atlântico ou de um Niágara sem ter visto ou ouvido falar de um ou outro. Então toda a vida é uma grande cadeia, cuja natureza é conhecida sempre que nos é mostrado um único elo dela. Como todas as outras artes, a Ciência da Dedução e da Análise é aquela que só pode ser adquirida por estudo longo e paciente, e a vida não é longa o suficiente para permitir a qualquer mortal que alcance a mais alta perfeição de seu conhecimento. Antes de abordar os aspectos morais e mentais da matéria que apresentam as maiores dificuldades, o inquiridor deve começar por dominar os problemas mais elementares. Que ele, ao encontrar um outro homem, aprenda, num relance, a distinguir a história deste e o seu ofício ou profissão. Pueril como tal exercício possa parecer, ele aguça as faculdades de observação e ensina onde procurar e o que procurar. Pelas unhas dos dedos de um homem, pela manga do casaco, pela bota, pelos joelhos das calças, pelos calos do dedo indicador e do polegar, pela expressão, pelos punhos da camisa — por cada uma destas coisas, a vocação de um homem é claramente revelada. Que todos esses elementos unidos não sejam o suficiente para um investigador competente é quase inconcebível."

— Que tagarelice inefável! — falei, batendo a revista na mesa. — Eu nunca li tanta besteira na minha vida.

— O que é? — perguntou Sherlock Holmes.

— Este artigo — respondi, apontando para ele com a minha colher de ovo enquanto tomava o café da manhã. — Vejo que você leu, já que o marcou. Não nego que está escrito de forma inteligente. Mas me irrita. É evidentemente a teoria de alguém que passa os dias em sua poltrona entrelaçando esses pequenos paradoxos na reclusão do seu próprio estudo. Não é prático. Gostaria de encontrá-lo no vagão dos trabalhadores no Metropolitano de Londres e pedir que lesse e descobrisse os traços de todos os seus companheiros de viagem. Eu apostaria mil vezes contra ele.

— E perderia o seu dinheiro — disse Sherlock Holmes calmamente.

— Quanto ao artigo, fui eu que escrevi.

— Você!?

— Sim, tenho vocação para observação e para dedução. As teorias que expressei lá, e que lhe parecem tão quiméricas, são extremamente práticas... tão práticas que dependo delas para o meu dia a dia.

— E como? — perguntei involuntariamente.

— Bem, tenho um negócio próprio. Suponho que sou o único no mundo. Sou um detetive consultor, se é que você entende o que é isso. Aqui em Londres temos muitos detetives do governo e muitos detetives particulares. Quando esses homens falham, vêm se consultar comigo, e consigo apontá-los de volta ao caminho certo. Eles colocam todas as provas diante de mim e, com a ajuda do meu conhecimento da história do crime, geralmente sou capaz de organizá-las. Existe uma forte familiaridade nos erros e, se você tem todos os detalhes de mil erros nas pontas dos dedos, é estranho não conseguir desvendar o milésimo primeiro. Lestrade é um detetive bem conhecido. Ele se confundiu recentemente em um caso de falsificação, e foi isso que o trouxe aqui.

— E as outras pessoas?

— São enviados principalmente por agências de investigação privadas. São todas pessoas que estão em apuros por alguma coisa e querem um pouco de esclarecimento. Ouço a história deles, eles ouvem os meus comentários, e depois eu embolso os meus honorários.

— Mas então quer dizer que, sem sair do seu quarto, você consegue desatar nós que outros homens não conseguiram mesmo tendo visto todos os detalhes por si mesmos?

— É bem isso. Tenho uma espécie de intuição nesse sentido. De vez em quando surge um caso que é um pouco mais complexo. Aí então tenho de me movimentar e ver as coisas com os meus próprios olhos. Perceberá que tenho um monte de conhecimentos especiais que aplico ao problema, e que facilitam as coisas maravilhosamente. As regras de dedução previstas nesse artigo e que lhe causaram desprezo são para mim de valor inestimável no trabalho prático. A observação é a minha segunda natureza. Você pareceu surpreso quando, no nosso primeiro encontro, falei que você tinha vindo do Afeganistão.

— Alguém lhe contou, sem dúvida.

— Nada disso. Eu sabia que você veio do Afeganistão. Como de hábito, o trem dos pensamentos fluiu tão rapidamente pela minha mente, que cheguei à conclusão sem ter consciência dos passos intermediários. No entanto, tais passos existiam. O trem do raciocínio correu: "Aqui está um cavalheiro de um tipo médico, mas com o ar de militar. Claramente um médico do exército, então. Ele acaba de chegar dos trópicos, pois seu rosto está escuro, e essa não é a tonalidade natural de sua pele, pois seus pulsos são claros. Ele passou por dificuldades e doenças, como o seu rosto cansado entrega. O braço esquerdo dele foi ferido. Ele o segura de uma forma rígida e não natural. Onde nos trópicos um médico do exército inglês poderia ter visto muitas dificuldades e ficado com o braço ferido? Afeganistão." Toda a linha de pensamento não durou um segundo. Então, comentei que veio do Afeganistão, e você ficou espantado.

— É simples quando você explica — comentei, sorrindo. — Me fez lembrar o Dupin de Edgar Allan Poe. Eu não fazia ideia de que tais indivíduos existiam fora das histórias.

Sherlock Holmes se levantou e acendeu o cachimbo.

— Sem dúvida você pensa que está me elogiando ao me comparar a Dupin — observou. — Agora, na minha opinião, Dupin era um tipo muito inferior. Aquele truque dele de invadir os pensamentos dos seus amigos com um comentário apropriado após um quarto de hora é muito vistoso e superficial. Ele tinha algum gênio analítico, sem dúvida, mas não era de modo algum um fenômeno como Poe parecia imaginar.

— Já leu as obras de Gaboriau? Lecoq atende às suas expectativas de um detetive?

Sherlock Holmes fungou ironicamente.

— Lecoq era um desgraçado miserável — disse ele, com voz irritada. — Ele só tinha uma coisa a ser recomendada, que era a sua energia. Esse livro me deixou doente. A questão era como identificar um prisioneiro desconhecido. Eu podia ter feito em 24 horas o que Lecoq demorou cerca de seis meses para conseguir. Esse poderia ser um livro para ensinar aos detetives o que evitar. Fiquei indignado por ver dois personagens que eu admirava tratados dessa forma arrogante. Me direcionei para a janela e fiquei encarando a rua movimentada.

"Este homem pode ser muito esperto", disse a mim mesmo, "mas ele é muito convencido."

— Não há crimes nem criminosos nestes dias — disse ele, queixando-se. — Qual é a utilidade de ter cérebros na nossa profissão? Sei bem que tenho potencial para tornar o meu nome famoso. Nenhum homem que vive ou já viveu traz a mesma quantidade de estudo e de talento natural para a detecção de crimes que eu. E qual é o resultado? Não há crime nenhum para detectar, ou, no máximo, algum vilão falso com uma motivação tão transparente que até mesmo um funcionário da Scotland Yard pode ver através dele.

Ainda irritado com o seu estilo pretensioso de conversa, achei melhor mudar de assunto.

— Me pergunto o que aquele homem estará à procura? — perguntei, apontando para um indivíduo robusto, bem-vestido, que estava andando lentamente pelo outro lado da rua, olhando para os números. Tinha um envelope azul grande na mão, e era portador de uma mensagem.

— Você quer dizer o sargento reformado dos Fuzileiros Navais — disse Sherlock Holmes.

"Continue se gabando!", pensei. "Ele sabe que não posso confirmar o seu palpite."

O pensamento mal tinha passado pela minha mente quando aquele homem viu o número na nossa porta, e correu pela estrada. Ouvimos uma batida alta, uma voz profunda por baixo, e degraus pesados subindo a escada.

— Para o sr. Sherlock Holmes — avisou ele, entrando na sala e entregando a carta ao meu amigo.

Aqui estava uma oportunidade lhe tirar a vaidade. Ele não pensou muito nisso quando fez aquele disparo aleatório.

— Posso perguntar, senhor, qual a sua profissão? — indaguei, com a voz mais suave.

— Atendente e mensageiro, senhor — disse ele, duramente. — Meu uniforme está sendo reparado.

— E você era o que antes? — perguntei, com um olhar ligeiramente malicioso para o meu companheiro.

— Sargento, senhor. Infantaria Ligeira dos Fuzileiros Navais, senhor. Certo, senhor.

Juntou os calcanhares, prestou continência e se foi.

CAPÍTULO III

O MISTÉRIO DO
JARDIM LAURISTON

Confesso que fiquei consideravelmente surpreso com esta nova prova da natureza prática das teorias do meu companheiro.

O meu respeito pelos seus poderes de análise aumentou maravilhosamente. No entanto, ainda havia alguma suspeita em minha mente que tudo isso era um episódio pré-estabelecido, destinado a me deslumbrar, embora o propósito que ele poderia ter para me enganar fosse além da minha compreensão.

Quando olhei para ele, tinha acabado de ler o bilhete e os seus olhos tinham assumido aquela expressão neutra de quem está absorto em pensamentos.

— Como é que deduziu aquilo? — perguntei.

— Deduzi o quê? — disse ele, petulantemente.

— Que ele era um sargento reformado dos Fuzileiros Navais.

— Não tenho tempo para trivialidades — respondeu ele, bruscamente, depois com um sorriso. — Desculpe a minha rudeza. Você quebrou o fio dos meus pensamentos, mas talvez seja para o bem. Então não conseguiu ver que aquele homem era um sargento dos Fuzileiros Navais?

— De fato, não consegui.

— Era mais fácil saber do que explicar porque é que eu sabia. Se lhe pedissem para provar que dois mais dois são quatro, você poderia encontrar alguma dificuldade, e ainda assim ter certeza do fato. Mesmo do outro lado da rua pude ver uma grande âncora azul tatuada nas costas de sua mão. Me fez pensar imediatamente no mar. Ele tinha uma postura militar, e usava suíças. Logo, temos um fuzileiro. Ele era um homem com alguma autoimportância e certo ar de comando. Você deve ter observado a forma como sustentava a cabeça e balançava a bengala. Um homem firme, respeitável e de meia-idade, o que também estava no rosto dele. Todos os fatos que me levaram a acreditar que ele tinha sido um sargento.

— Maravilhoso! — bravejei.

— Rotineiro — disse Holmes, embora eu pensasse pela sua expressão que ele estava satisfeito com a minha evidente surpresa e admiração. — Eu disse há pouco que não havia criminosos. Parece que estava errado. Olhe para isto!

Ele me atirou o bilhete que o comissário tinha trazido.

— Meu Deus — gritei, enquanto olhava para ele. — Isto é terrível!

— Parece estar um pouco fora de rotina — observou ele, calmamente. — Você se importa de ler em voz alta?

Esta é a carta que lhe li:

QUERIDO SR. SHERLOCK HOLMES,

Aconteceu algo de estranho durante a noite, às 3 horas da manhã, no jardim Lauriston, fora da estrada Brixton. O vigia que faz as rondas viu uma luz lá por volta das duas da manhã e, como a casa estava vazia, suspeitou que algo estava errado. Ele encontrou a porta aberta e, na sala da frente, que não tem móveis, descobriu o corpo de um cavalheiro, bem-vestido e com cartões no bolso com o nome de "Enoque J. Drebber, Cleveland, Ohio, EUA". Não houve roubo, nem há qualquer evidência de como o homem morreu. Há

*marcas de sangue na sala, mas não há ferimentos no corpo dele.
Não sabemos como é que ele entrou na casa vazia. Na verdade,
toda a questão é um quebra-cabeças. Se puder vir até a casa antes
do meio-dia, vai me encontrar lá.*

*Deixei tudo pausado até ter notícias suas. Se não puder vir, darei
mais detalhes, e consideraria uma grande bondade se pudesse me
dar a sua opinião.*

Atenciosamente,

TOBIAS GREGSON

— Gregson é o mais esperto dos membros da Scotland Yard — comentou o meu amigo. — Ele e Lestrade são chamados para as situações muito ruins. São ambos rápidos e energéticos, mas convencionais... chocantemente. Também têm uma disputa pessoal entre os dois. São tão ciumentos que será divertido se ambos forem colocados para seguir as pistas nesse caso.

Fiquei espantado com a calma com que ele se posicionava.

— Certamente não há um momento a perder! — gritei. — Devo chamar uma carruagem para você?

— Não tenho certeza se devo ir. Sou o diabo mais preguiçoso e incurável que já vestiu sapatos. Isto é, quando me convém, pois às vezes posso ser suficientemente ágil.

— Por quê? É a oportunidade que você queria.

— Meu caro amigo, o que me importa isso? Supondo que resolva o assunto, pode ter a certeza de que Gregson, Lestrade e companhia vão ficar com todo o crédito. Consequências de não ser uma figura oficial.

— Mas ele está implorando a sua ajuda.

— Sim, ele sabe que sou o melhor, e reconhece isso para mim, mas cortaria a própria língua antes de admiti-lo a qualquer terceira pessoa. No entanto, é melhor irmos dar uma olhada. Vou resolver isso no meu próprio tempo. Posso ao menos dar algumas gargalhadas às suas custas se não houver nada mais interessante a fazer por lá. Vamos!

Ele se apressou com seu sobretudo, e se apressou de tal maneira que ficou claro que um espírito enérgico havia superado o apático.

— Pegue o seu chapéu — disse ele.

— Você quer que eu vá?

— Sim, se não tiver nada melhor para fazer.

Um minuto depois estávamos os dois num Hansom, nos dirigindo furiosamente para a estrada Brixton.

Era uma manhã nebulosa, nublada, e um véu bege pairava sobre os telhados das casas, parecendo o reflexo das ruas de cor de lama abaixo. Meu companheiro estava no melhor dos espíritos e tagarelou sobre os violinos de Cremona, e sobre a diferença entre um Stradivarius e um Amati. Quanto a mim, fiquei em silêncio, porque o tempo chato e o negócio melancólico em que estávamos nos metendo deprimiram os meus espíritos.

— Você não parece estar pensando muito no caso — comentei, interrompendo a inquisição musical de Holmes.

— Ainda não há evidências — respondeu ele. — É um erro capital teorizar antes de ter todas as provas. Isso distorce o julgamento.

— Terá as suas evidências em breve — falei, apontando com o dedo. Esta é a estrada Brixton, e esta é a casa, se não estou enganado.

— É. Pare, motorista, pare!

Estávamos ainda a uns cem metros dela, mas o motorista insistiu na nossa descida, e terminamos nossa jornada a pé.

A casa número 3 tinha um visual pouco auspicioso e um tanto ameaçador.

Era uma dentre quatro casas mais afastadas da estrada, duas ocupadas e duas vazias. A casa mostrava por fora três fileiras de janelas vazias e melancólicas, em branco e sombrias, exceto que aqui e ali uma enorme planta havia crescido como uma catarata sobre os vidros limpos. Um pequeno jardim polvilhado com uma erupção dispersa de plantas doentes separava cada uma destas casas da estrada, e eram atravessadas por um caminho estreito, de cor amarelada, que consistia aparentemente de uma mistura de argila e cascalho. O lugar todo estava muito desleixado em função da chuva que tinha caído durante a noite. O jardim era delimitado por uma parede de tijolos de um metro com uma franja de trilhos de madeira no topo, e contra essa parede estava apoiado um comboio policial, cercado por um pequeno grupo de transeuntes que esticavam os pescoços e olhos na esperança vã de conseguir espiar o que acontecia lá dentro.

Eu tinha imaginado que Sherlock Holmes entraria apressado na casa e mergulharia no estudo do mistério. Mas nada parecia estar mais longe de suas intenções.

Com um ar de despreocupação que, dadas as circunstâncias, me parecia estar beirando a artificialidade, ele andava para cima e para baixo na calçada, e olhava vagamente para o chão, para o céu, para as casas opostas e para as grades. Tendo terminado o seu escrutínio, prosseguiu lentamente pelo caminho, ou melhor, pela franja de relva que flanqueava o caminho, mantendo os seus olhos no chão. Duas vezes ele parou, e uma vez eu o vi sorrir, e o ouvi exclamar com satisfação. Havia muitas marcas de pegadas no solo argiloso e molhado, mas como a polícia havia passado por cima dele, eu não conseguia ver como o meu companheiro poderia descobrir alguma coisa a partir daquilo. Mesmo assim eu tivera uma evidência tão extraordinária da rapidez das suas habilidades perceptivas que não tinha dúvida de que ele podia ver muita coisa que estava escondida de mim.

Na porta da casa, fomos recebidos por um homem alto, de cara pálida, cabelo alinhado, com um caderno na mão, que correu para a frente e apertou a mão do meu companheiro com efusividade.

— É muito gentil da sua parte vir — disse ele. — Mantive tudo intocado.

— Exceto isso! — respondeu o meu amigo, apontando para o caminho. — Se uma manada de búfalos tivesse passado, não estaria uma confusão maior. Mas sem dúvidas você tirou as suas próprias conclusões, Gregson, antes de permitir tal feito.

— Tive muito o que fazer dentro da casa — disse o detetive evasivamente. — O meu colega, sr. Lestrade, está aqui. Eu tinha confiado a ele cuidar disto.

Holmes olhou para mim e levantou as sobrancelhas sardonicamente.

— Com dois homens como você e Lestrade no caso, não haverá muito para um terceiro descobrir — observou.

Gregson esfregou as mãos.

— Acho que fizemos tudo o que podia ser feito — respondeu ele. — Mas é um caso estranho, e conheço o seu gosto por essas coisas.

— Você não veio de carruagem? — perguntou Sherlock Holmes.

— Não, senhor.

— Nem Lestrade?

— Não, senhor.

— Então vamos ver o quarto.

Com esta observação, ele entrou na casa, seguido por Gregson, que expressava surpresa.

Uma pequena passagem, despida de tábuas e poeirenta, conduzia à cozinha e aos escritórios. Duas portas se abriam para a esquerda e para a direita. Uma delas estava obviamente fechada havia muitas semanas. A outra pertencia à sala de jantar, que era o cômodo no qual o caso misterioso havia ocorrido.

Holmes entrou e eu o segui com aquele moderado sentimento no coração que a presença da morte inspira.

Era uma grande sala quadrada, que parecia ainda maior devido à ausência de qualquer mobília. Um vulgar papel flamejante adornava as paredes, mas estava manchado em certos lugares com bolor, e aqui e ali grandes tiras se desprendiam e ficavam penduradas, expondo o gesso amarelo por baixo. Em frente à porta estava uma lareira vistosa, circundada por uma pedra que imitava mármore branco. Num canto da lareira, havia um toco de vela de cera vermelha solitário. As janelas estavam tão sujas que a luz era nebulosa e incerta, dando uma tonalidade cinzenta a tudo, que era intensificada pela espessa camada de poeira que cobria todo o apartamento.

Todos estes detalhes observei depois. No momento, minha atenção estava centrada na figura sombria e imóvel esticada sobre as tábuas, com olhos vazios olhando para o teto descolorido. Era um homem com cerca de 43 ou 44 anos de idade, de tamanho médio, com ombros largos, cabelo preto frisado e barba curta. Vestia um pesado casaco e colete de pano largo, com calças de cor clara, colarinho e pulso impecáveis. Um chapéu, bem escovado e aparado, fora colocado no chão ao lado dele. Seus punhos estavam cerrados e seus braços estendidos, enquanto seus membros inferiores estavam entrelaçados como se a luta que resultou em sua morte tivesse sido dolorosa. No seu rosto rígido havia uma expressão de horror e, como me pareceu, de ódio, tal como eu nunca tinha visto em feições humanas. Essa contorção maligna e terrível, combinada com a testa baixa, nariz enorme e mandíbula prognóstica, davam ao morto uma aparência singularmente simétrica e que lembrava a um macaco, impressão que era aumentada por sua postura torcida e antinatural. Eu já tinha visto a morte em muitas formas, mas ela nunca me pareceu mais temível do que naquele apartamento escuro e sujo que dava vista para uma das principais artérias do subúrbio de Londres.

Lestrade, enxuto e meio raivoso como sempre, estava junto à porta, e nos cumprimentou.

— Este caso causará um alvoroço, senhor — comentou ele. — Ganha de todos os outros que já vi, e olha que não sou um principiante.

— Não há nenhuma pista? — disse Gregson.

— Nenhuma sequer — pontuou Lestrade.

Sherlock Holmes se aproximou do corpo e, de joelhos, o examinou com atenção.

— Vocês têm certeza que não há feridas? — perguntou ele, apontando para numerosas gotas e salpicos de sangue que se espalhavam por todo o lado.

— Positivo! — gritaram ambos os detetives.

— Então, é claro, este sangue pertence a um segundo indivíduo, presumivelmente o assassino, se um homicídio tiver sido cometido. Me recordo das circunstâncias da morte de Van Jansen, em Utrecht, no ano de 34. Lembra-se do caso, Gregson?

— Não, senhor.

— Pois o leia... Devia mesmo. Não há nada de novo debaixo do sol. Tudo já foi feito antes.

Enquanto ele falava, seus dedos ágeis voavam aqui, ali e em todos os lugares, sentindo, pressionando, desabotoando, examinando, enquanto os seus olhos usavam a mesma expressão distante da qual já comentei. O exame foi feito tão rapidamente que dificilmente se teria adivinhado a minúcia com que foi conduzido. Ele cheirou os lábios do morto e depois olhou para as solas das suas botas de couro envernizado.

— Ele não foi movido de nenhuma forma? — perguntou ele.

— Não mais do que o necessário para que fizéssemos nosso exame.

— Pode levá-lo para a funerária agora. Não há mais nada a aprender — concluiu Holmes.

Gregson tinha uma maca e quatro homens à disposição. Ao seu chamado eles entraram na sala e o estranho foi levantado e carregado para fora. Enquanto o levantavam, um anel se mexeu e rolou pelo chão. Lestrade o agarrou e olhou com olhos perplexos.

— Havia uma mulher aqui — afirmou Holmes. — É a aliança de casamento de uma mulher.

Ele a estendeu, enquanto falava, sobre a palma da sua mão.

Nos reunimos todos à volta dele e a encaramos. Não havia dúvida de que aquele círculo de ouro liso já tinha adornado o dedo de uma noiva.

— Isto complica as coisas — disse Gregson. — Só Deus sabe que já eram complicadas o suficiente antes.

— Tem certeza de que não as simplifica? — observou Holmes. — Não há nada a aprender olhando para ele? O que foi encontrado nos bolsos dele?

— Temos tudo aqui — disse Gregson, apontando para um furdunço de objetos em um dos degraus inferiores da escada. — Um relógio de ouro, nº 97.163, de Barraud, de Londres. Corrente Gold Albert, muito pesada e sólida. Anel de ouro, com dispositivo maçônico. E um broche dourado no formato da cabeça de um buldogue com rubis no lugar dos olhos. Uma caixa de cartão em couro russo, com cartões de Enoch J. Drebber de Cleveland, o que combina com as iniciais E. J. D. no lenço. Sem bolsa, mas com dinheiro solto, sete libras e treze. Edição de bolso do *Decamerão*, de Boccaccio, com nome de Joseph Stangerson na folha de rosto. Duas cartas, uma dirigida a E. J. Drebber e outra a Joseph Stangerson.

— Em qual endereço?

— American Exchange, Strand, para ser deixado até ser buscado. Ambos são da companhia de navios a vapor Guion, e se referem a navegação dos seus barcos a partir de Liverpool. É claro que este infeliz estava prestes a regressar a Nova York.

— Fez alguma pesquisa sobre este homem, Stangerson?

— Fiz imediatamente, senhor — disse Gregson. — Um dos meus homens foi à American Exchange, mas ainda não voltou.

— Já mandou alguém para Cleveland?

— Nós telegrafamos esta manhã.

— Como formularam as suas perguntas?

— Simplesmente detalhamos as circunstâncias e dissemos que estaríamos satisfeitos com qualquer informação que pudesse nos ajudar.

— Não pediu detalhes sobre nenhum ponto que lhe parecesse crucial?

— Perguntei pelo Stangerson.

— Nada mais? Não há nenhuma circunstância da qual todo este caso pareça depender? Não vai enviar outro telegrama?

— Eu já disse tudo o que tinha a dizer — disse Gregson, numa voz ofendida.

Sherlock Holmes riu consigo mesmo e pareceu estar prestes a fazer algum comentário, quando Lestrade, que tinha estado na sala da frente enquanto essa conversa acontecia no corredor, reapareceu na cena, esfregando suas mãos de uma maneira pomposa e satisfeita.

— Sr. Gregson — disse ele. — Acabei de fazer uma descoberta da maior importância, e que teria sido ignorada se eu não tivesse feito um exame cuidadoso das paredes.

Os olhos do homenzinho brilhavam enquanto falava, e ele estava evidentemente em um estado de exultação reprimida por ter marcado um ponto contra seu colega. — Venham.

Ele voltou para o quarto, cuja atmosfera estava mais clara desde a remoção do seu horrível detento.

— Agora, fique aí!

Ele acendeu um fósforo na bota e aproximou a chama da parede.

— Olhem para isto! — disse ele, triunfante.

Eu já comentei que o papel tinha caído em pedaços.

Neste canto particular da sala, um grande pedaço tinha descascado, deixando um grosseiro quadrado de gesso amarelo. Preenchendo esse espaço vazio havia uma única palavra em letras vermelho-sangue...

RACHE.

— O que acham disso? — perguntou o detetive com o ar de um artista exibindo o seu show. — Isto foi ignorado porque estava no canto mais escuro da sala, e ninguém pensou em olhar para lá. O assassino escreveu com o próprio sangue. Vejam esta mancha que escorreu pela parede abaixo! Isso elimina a ideia de suicídio de qualquer maneira. Por que é que aquele canto foi escolhido para escrever? Eu digo. Vê aquela vela na lareira? Estava acesa na hora, e se estivesse acesa, este canto seria o mais iluminado em oposição à parte mais escura da parede.

— E o que significa, agora que você o encontrou? — perguntou Gregson numa voz depreciativa.

— O que significa? Isso significa que quem escreveu ia colocar o nome feminino Rachel, mas foi perturbado antes de ter tempo para terminar. Quando o caso for resolvido, verá que uma mulher chamada Rachel tem algo a ver com isso. Continue rindo, sr. Sherlock Holmes. Você pode ser muito esperto e inteligente, mas o velho cão de caça é o melhor quando tudo está dito e feito.

— Peço desculpa — falou o meu companheiro, que tinha irritado o temperamento do homenzinho ao irromper numa explosão de risos. — Você tem o mérito de ser o primeiro de nós a descobrir isso e, como diz, tem todo o jeito de ter sido escrito pelo outro participante desse mistério noturno. Ainda não tive tempo de examinar esta sala, mas, com a sua permissão, o farei agora.

Enquanto falava, pegou uma fita métrica e uma grande lupa redonda do bolso. Com essas duas ferramentas, ele trotou silenciosamente sobre a sala, parando às vezes, ocasionalmente se ajoelhando, e uma vez deitando de bruços.

Estava tão absorto com a atividade que parecia ter esquecido da nossa presença, pois conversou consigo mesmo durante todo o tempo, mantendo um fluxo de exclamações, gemidos, assobios e pequenos gritos sugestivos de encorajamento e de esperança. Enquanto o observava, irresistivelmente o comparei a um cão de caça de sangue puro e bem treinado, que corre para trás e para a frente pelo rastro da presa, chorando em sua ânsia de encontrar o cheiro perdido. Por vinte minutos ou mais ele continuou suas pesquisas, medindo com o mais exato cuidado a distância entre as marcas que eram invisíveis para mim, e ocasionalmente aplicando sua fita nas paredes de uma maneira também incompreensível. Em um lugar ele recolheu com cuidado uma pequena pilha de poeira cinza do chão, e a guardou num envelope. Então, examinou com sua lente a palavra na parede, passando por cima de cada letra dela com a mais minuciosa exatidão. Feito isso, ele pareceu estar satisfeito, pois colocou a fita e a lupa de volta no bolso.

— Dizem que o gênio tem uma capacidade infinita de se esforçar — comentou com um sorriso. — É uma definição ruim, mas se aplica ao trabalho de detetive.

Gregson e Lestrade tinham visto as manobras do seu companheiro amador com considerável curiosidade e algum desprezo. Evidentemente, eles falharam em apreciar o fato que eu tinha começado a perceber — que as menores ações de Sherlock Holmes eram todas direcionadas para um fim definido e prático.

— O que acha disso, senhor? — perguntaram os dois.

— Eu estaria roubando o crédito do caso se eu fosse ajudar agora — comentou o meu amigo. — Você está indo tão bem que seria uma pena se alguém interferisse.

Havia um mundo de sarcasmo na voz dele enquanto falava.

— Se me disser como correm as suas investigações — continuou —, ficarei feliz em lhe dar toda a ajuda que puder. Entretanto, gostaria de falar com o agente que encontrou o corpo. Pode me dar o nome e o endereço dele?

Lestrade olhou para o seu caderno.

— John Rance. Está de folga agora. Você pode encontrá-lo no número 46 da Audley Court, Kennington Park Gate.

Holmes tomou nota do endereço.

— Venha, doutor — falou Holmes para mim —, vamos procurá-lo. Vou lhes dizer uma coisa que pode ajudar no caso. — Ele se virou para os dois detetives. — Houve um assassinato, e o assassino era um homem. Ele tinha mais de 1,80 m de altura, estava no auge da vida, tinha pés pequenos para a sua altura, usava botas grosseiras e quadradas e fumava um charuto Trichinopoly. Chegou aqui com a vítima numa carruagem puxada por um cavalo com três ferraduras velhas e uma nova em sua pata dianteira. Com toda a probabilidade o assassino tinha um rosto avermelhado, e as unhas da mão direita eram muito compridas. Estas são apenas algumas indicações, mas podem ajudar.

Lestrade e Gregson olharam um para o outro com sorrisos incrédulos.

— Se este homem foi assassinado, como aconteceu? — perguntou o primeiro.

— Veneno — disse Sherlock Holmes com franqueza, e começou a sair. — Uma outra coisa, Lestrade — acrescentou, já virando na porta: — "Rache" é o termo alemão para "vingança", por isso não perca o seu tempo à procura da menina Rachel.

Com esta última alfinetada, se afastou, deixando os dois rivais de boca aberta atrás de si.

CAPÍTULO IV

O QUE JOHN RANCE TINHA PARA CONTAR

Era uma hora da tarde quando saímos de Lauriston Garden. Sherlock Holmes nos guiou ao posto de telégrafo mais próximo, de onde enviou um longo telegrama. Então chamou uma carruagem e ordenou que o motorista nos levasse ao endereço dado por Lestrade.

— Não há nada como provas em primeira mão — comentou ele. — De fato, a minha mente está inteiramente decidida sobre o caso, mas ainda assim podemos descobrir tudo o que é para ser descoberto.

— Você me surpreende, Holmes — disse eu. — Com certeza não tem tanta certeza como finge ter de todos os detalhes que deu.

— Não há espaço para erro — respondeu ele. — A primeira coisa que observei ao chegar lá foi que uma carruagem tinha dado duas voltas com as rodas perto do meio-fio. Até ontem à noite, não havia tido chuva durante uma semana, então as rodas que deixaram uma impressão tão profunda devem ter estado lá durante a noite. Havia as marcas dos cascos do cavalo também, o contorno de um dos quais era muito mais claramente cortado do que dos outros três, mostrando que era uma ferradura nova. Como a carruagem estava lá depois que a chuva começou, e não estava lá de manhã, e tenho a palavra de Gregson quanto a isso, deve ter estado lá durante a noite e, portanto, trouxe aqueles dois indivíduos para a casa.

— Parece simples o bastante, mas e a altura do outro homem?

— A altura de um homem, em nove entre dez casos, pode ser calculada pelo comprimento do seu passo. É um cálculo simples, mas não vale a pena aborrecê-lo com números. Eu tinha as pegadas do homem no barro do lado de fora e na poeira do lado de dentro. Depois encontrei uma forma de verificar os meus cálculos. Quando um homem escreve numa parede, o seu instinto o leva a escrever no nível dos próprios olhos. Aquela escrita estava a pouco mais de 1,80 metro do chão. Foi brincadeira de criança.

— E a idade dele?

— Bem, se um homem pode saltar um metro e meio sem esforço, não pode ser assim tão velho. Aquela era a largura de uma poça no caminho do jardim que ele tinha evidentemente atravessado. O homem com as botas de couro tinha dado a volta, e o com o sapato de bicos quadrados tinha saltado. Não há mistério nenhum sobre isso. Estou simplesmente aplicando à vida comum alguns dos conceitos de observação e dedução que defendi naquele artigo. Há mais alguma coisa que o deixou intrigado?

— As unhas dos dedos e o Trichinopoly.

— A escrita na parede foi feita com o dedo indicador de um homem mergulhado em sangue. Minha lupa me permitiu observar que o reboco tinha sido levemente arranhado no processo, o que não teria acontecido se a unha do homem tivesse sido aparada. Recolhi algumas cinzas espalhadas do chão. Estavam escuras e embolotadas, cinzas que só são feitas por um Trichinopoly. Fiz um estudo especial sobre as cinzas dos charutos… Na verdade, escrevi uma monografia sobre o assunto. Me sinto lisonjeado por poder distinguir num relance as cinzas de qualquer marca conhecida, seja de charuto ou de tabaco. É apenas em tais detalhes que o detetive habilidoso se difere do tipo Gregson e Lestrade.

— E o rosto avermelhado?

— Ah, essa foi uma tacada mais ousada, embora não tenha dúvidas de que tenho razão. Você não deve me perguntar sobre isso no estágio atual do caso.

Passei a mão pela testa.

— A minha cabeça está num turbilhão — comentei. — Quanto mais se pensa nisso, mais misterioso fica. Como é que estes dois homens, se é que havia dois homens, entraram numa casa vazia? O que aconteceu com o taxista que os conduziu? Como pode um homem obrigar outro a tomar veneno? De onde veio o sangue? Qual era o objetivo do assassino, uma vez que o roubo não tinha nada a ver com isso? Como é que o anel da mulher foi parar lá? Acima de tudo, porque o segundo homem escreveu a palavra alemã RACHE antes de fugir? Confesso que não vejo nenhuma forma de conciliar todos estes fatos.

O meu companheiro sorriu com aprovação.

— Você resume as dificuldades da situação sucintamente e bem — disse ele. — Há muita coisa que ainda é obscura, mas já estou bastante decidido sobre os fatos principais. Quanto à descoberta do pobre Lestrade, era um cego que pretendia colocar a polícia no caminho errado ao sugerir socialismo e sociedades secretas. Não foi feito por um alemão. O A, se você notou, foi impresso um tanto à moda alemã. Ora, um verdadeiro alemão escreveria invariavelmente em latim, para que pudéssemos dizer com segurança que não foi escrito por ele, mas por um imitador desajeitado que exagerou. Foi um estratagema para desviar a investigação. Não lhe vou contar muito mais sobre o caso, doutor. Você sabe que um mágico não recebe nenhum crédito uma vez que explica seu truque, e se eu lhe mostrar muito do meu método de trabalho, você vai chegar à conclusão de que sou um indivíduo muito comum, afinal.

— Nunca farei isso. Você pegou a detecção e a aproximou tanto de uma ciência exata quanto possível neste mundo.

Meu companheiro ficou corado de prazer com minhas palavras e com a maneira sincera com a qual eu as disse. Eu já tinha observado que ele era tão sensível a elogios sobre sua arte quanto qualquer pessoa poderia ser da própria beleza.

— Vou dizer mais uma coisa — disse ele. — O homem com as botas grosseiras e o com o sapato de bico quadrado vieram na mesma carruagem, juntos, o mais amigavelmente possível, de braços dados, com toda a probabilidade. Quando entraram, andaram para cima e para baixo na sala, ou melhor, o de botas grosseiras parou enquanto o de sapato de bico quadrado andou para cima e para baixo. Pude ler tudo isso no pó. À medida que ele caminhava, ficava cada vez mais entusiasmado. Isso é demonstrado pelo aumento do comprimento dos seus passos. Ele estava falando o tempo todo, e sua fala foi naturalmente se tornando um discurso furioso. Então a tragédia ocorreu. Já contei tudo que sei até agora, porque o resto é mera suposição e conjectura. No entanto, temos uma boa base de trabalho para começar. Temos de nos apressar porque quero ir ao concerto no Halle para ouvir Norman Neruda esta tarde.

Esta conversa tinha ocorrido enquanto a nossa carruagem atravessava uma longa sucessão de ruas sujas e caminhos sombrios. No mais sombrio e seco deles, nosso motorista de repente parou.

— Ali é Audley Court — disse ele, apontando para uma passagem estreita em meio a um muro de tijolos escuros. — Vocês vão me encontrar aqui quando voltarem.

Audley Court não era uma localidade atraente. A passagem estreita nos levou a um quadrante pavimentado com lajes e forrado por moradias sórdidas. Percorremos nosso caminho entre grupos de crianças sujas e, através de varais de roupas estendidas e descoloridas, chegamos ao número 46, cuja porta fora decorada com um pequeno pedaço de latão sobre o qual estava gravado o nome de Rance. Ao entrar, descobrimos que o policial estava na cama, e fomos encaminhados a uma pequena sala de estar para esperar a sua chegada.

Ele apareceu logo, parecendo um pouco irritado por ser perturbado em seu dormitório.

— Fiz o meu relatório no escritório — explicou.

Holmes tirou uma moeda de ouro do bolso e brincava com ela pensativo.

— Gostaríamos de ouvi-lo contar — disse ele.

— Ficarei muito feliz em ajudar — respondeu o policial com os olhos no pequeno disco dourado.

— Nos deixe ouvir a sua versão, tal como aconteceu.

Rance se sentou no sofá de crina de cavalo e franziu as sobrancelhas como se estivesse determinado a não omitir nada em sua narrativa.

— Vou contar desde o início. O meu horário é das dez da noite às seis da manhã. Às onze horas houve uma briga no White Hart, mas, além disso, estava tudo quieto o suficiente. A uma hora da manhã começou a chover, e encontrei Harry Murcher, responsável pela ronda de Holland Grove, e ficamos juntos na esquina da rua Henrietta conversando. Talvez cerca de dois minutos ou um pouco depois, pensei em dar uma volta e verificar se estava tudo bem na estrada Brixton. Estava perfeitamente suja e solitária. Não encontrei uma alma viva até seu fim, embora uma ou duas carruagens tenham passado por mim. Eu estava andando, pensando, aqui entre nós, em como um gin quente seria útil naquele momento, quando de repente o brilho de uma luz chamou minha atenção na janela da casa. E eu sabia que aquelas duas casas em Lauriston Garden estavam vazias por causa do dono, que não terminou de construir os esgotos, e o último o inquilino que vivia ali morrera de febre tifoide.

"Fiquei, portanto, muito assustado ao ver uma luz na janela e suspeitei que algo estava errado. Quando cheguei à porta..."

— Você parou e andou de volta até o portão do jardim — interrompeu o meu companheiro. — Por que fez isso?

Rance deu um salto violento e olhou para Sherlock Holmes com o maior espanto sobre suas características.

— Bom, sim, senhor, mas como você chegou a essa conclusão, só Deus sabe. Quando cheguei na porta estava tudo tão quieto e solitário que pensei que não seria má ideia levar alguém junto comigo. Eu não tenho medo de nada que existe acima dos túmulos, mas pensei que talvez fosse ele, o morto da tifoide, inspecionando os esgotos que o mataram. O pensamento me deu uma espécie de desespero, e voltei para o portão para ver se conseguia ver a lanterna de Murcher, mas não havia nenhum sinal dele, nem de mais ninguém.

— Não havia ninguém na rua?

— Nem uma alma viva, senhor, nem um simples cão. Então me recompus, voltei e abri a porta. Estava tudo calmo por dentro, então entrei no quarto onde a luz estava acesa. Havia uma vela cintilando na lareira, uma de cera vermelha, e pela sua luz vi...

— Sim, sei tudo o que viu. Você andou pelo quarto várias vezes, e se ajoelhou junto ao corpo, e depois entrou e tentou abrir a porta da cozinha, e depois...

John Rance rapidamente se pôs de pé com um rosto assustado e desconfiança nos olhos.

— Onde você estava escondido para ver tudo isso? — indagou. — Me parece que você sabe mais do que devia.

Holmes riu e atirou o cartão dele na mesa do guarda.

— Não pense em me prender pelo assassinato.. Sou um dos cães de caça e não o lobo. O sr. Gregson ou o sr. Lestrade podem lhe afirmar isso. Vá em frente. O que fez depois?

Rance retomou o seu lugar, sem perder a expressão mistificada.

— Voltei para o portão e soei meu apito. Isso trouxe Murcher e mais dois para o local.

— A rua estava vazia nessa hora?

— Bem, sim, contando pessoas úteis, estava deserta.

— O que quer dizer?

A expressão constante do agente se transformou em um sorriso.

— Já vi muitos bêbados nessa vida, mas nunca ninguém tão podre de bêbado como aquele sujeito. Ele estava se escorando no portão, limpando as grades, e cantando a todo pulmão a Newfangled banner do Columbine, ou algo assim. Ele não conseguia parar em pé.

— Que tipo de homem ele era? — perguntou Sherlock Holmes.

John Rance parecia estar um pouco irritado com essa digressão.

— Era um bêbado comum. Teríamos levado para delegacia se não estivéssemos tão ocupados.

— A cara dele, suas roupas, você não reparou nelas? — indagou Holmes, impaciente.

— Acho que reparei nelas, visto que tive de apoiá-lo em pé, eu e

Murcher. Ele era um cara alto, com uma cara avermelhada, a parte inferior estava coberta por um pano.

— Isso serve! — gritou Holmes. — O que aconteceu com ele?

— Tínhamos muito a fazer além de olhar para ele — disse o policial, com uma voz ofendida. — Aposto que ele encontrou o caminho para casa.

— Como é que ele estava vestido?

— Um sobretudo castanho.

— Tinha um chicote na mão?

— Não.

— Ele deve ter deixado para trás — murmurou o meu companheiro. — Por acaso não viu ou ouviu uma carruagem depois disso?

— Não.

— Aqui está uma moeda de ouro para você — disse Holmes, se levantando e tirando o chapéu. — Acho, Rance, que você nunca vai crescer na força. Essa sua cabeça devia ser usada como ornamento. Podia ter ganho as honras de sargento ontem à noite. O homem que teve em suas mãos é o homem que tem a pista desse mistério, e quem procuramos. Não vale a pena discutir sobre isso agora. Estou dizendo que é isso. Venha, doutor.

Partimos juntos para a carruagem, deixando o nosso informante incrédulo e obviamente desconfortável.

— O idiota… — disse Holmes, amargamente, enquanto voltávamos para o nosso apartamento. — Pensar que teve uma sorte incomparável como essa e não se aproveitou dela.

— Ainda estou no escuro. É verdade que a descrição deste homem coincide com as suas impressões do segundo participante desse mistério. Mas por que ele voltaria para casa depois de fugir? Isso não é típico de criminosos.

— O anel, Watson, o anel. Foi para isso que ele voltou. Se não tivermos outra forma de apanhá-lo, podemos sempre nos voltar para o anel. Eu vou pegá-lo, doutor. Aposto dois para um que o pegarei. Devo agradecer por tudo. Se não fosse por você, eu talvez nem tivesse ido e teria perdido o melhor caso que já encontrei: um estudo em vermelho, não é? Por que não deveríamos usar um pouco de jargão artístico? Aqui está o fio escarlate do assassinato que atravessa a meada incolor da vida, e o nosso dever é desfazê-lo, isolá-lo e expor cada centímetro dele. E agora para o almoço, e depois para Norman Neruda. Sua energia e execução são esplêndidos. O que é que aquela peça de Chopin que ela toca tão magnificamente: Tra-la-la-la-lira-lira-lira-lay.

Inclinando-se para trás na carruagem, esse cão de caça amador cantava como uma cotovia, enquanto eu meditava sobre as muitas faces da mente humana.

CAPÍTULO V

O NOSSO ANÚNCIO TRAZ UM VISITANTE

Nossos esforços pela manhã tinham sido demasiados para minha saúde frágil e eu estava exausto durante a tarde. Depois de Holmes partir para o concerto, deitei no sofá e tentei dormir algumas horas. Foi uma tentativa inútil. Minha mente estava muito animada com tudo o que tinha acontecido, e as mais estranhas fantasias e suposições se aglomeravam nela. Cada vez que eu fechava os olhos, via diante de mim o rosto distorcido com feições de babuíno do homem assassinado. Tão sinistra era a impressão que aquele rosto tinha produzido em mim que achei difícil de sentir qualquer coisa que não gratidão por aquele que tinha tirado o seu dono do mundo. Se alguma vez traços humanos personalizaram o vício do tipo mais maligno, eles eram certamente aqueles de Enoch J. Drebber, de Cleveland. Mesmo assim, reconheci que a justiça tinha de ser feita, e que a depravação da vítima não era condescendência aos olhos da lei.

Quanto mais eu pensava nisso, mais extraordinária era a hipótese do meu companheiro, de que o homem tinha sido envenenado. Lembrei como ele tinha cheirado os seus lábios e não teve dúvidas de que havia detectado algo que comprovava essa ideia. Então, novamente, se não fosse veneno, o que havia causado a morte do homem, já que não havia ferida nem sinais de estrangulamento? Mas, por outro lado, de quem era o sangue tão espesso no chão? Não havia sinais de luta, nem a vítima tinha qualquer arma com que pudesse ter ferido um antagonista. Enquanto todas estas perguntas não fossem resolvidas, eu sentia que dormir não seria fácil, nem para Holmes nem para mim. O seu modo calmo e autoconfiante me convenceu de que ele já tinha formado uma teoria que explicava todos os fatos, mas qual era essa teoria eu não conseguia nem por um instante conjecturar.

Ele estava demorando a voltar, e eu sabia que o concerto não poderia tê-lo detido tanto tempo.

O jantar estava na mesa antes de ele aparecer.

— Foi magnífico — disse ele, enquanto se sentava. — Você se lembra do que Darwin diz sobre música? Ele afirma que o poder de produzi-la e apreciá-la existia entre a raça humana muito antes que o poder da fala tivesse sido alcançado. Talvez seja por isso que somos tão sutilmente influenciados por ela. Há lembranças vagas em nossas almas daqueles tempos nebulosos quando o mundo estava na infância.

— É uma ideia bastante ampla — comentei.

— As ideias de cada um devem ser tão amplas quanto a natureza se pretendem interpretar a natureza. Qual é o problema? Você não parece bem. Este caso da estrada Brixton o perturbou.

— Para dizer a verdade, sim — confessei. — Eu deveria ser mais endurecido depois das minhas experiências afegãs. Vi os meus próprios camaradas serem cortados em pedaços na Maiwand sem perder a cabeça.

— Posso entender. Há um mistério sobre isso que estimula a imaginação. Onde não há imaginação, não há horror. Viu o jornal da noite?

— Não.

— Dá uma boa descrição do caso. Não menciona o fato de que quando o homem foi levantado, o anel de casamento de uma mulher caiu no chão. Ainda bem.

— Por quê?

— Veja este anúncio — respondeu ele. — Mandei um para cada jornal esta manhã, logo que voltamos.

Ele atirou o papel para mim e olhei para o lugar indicado. Era o primeiro anúncio na coluna "Encontrado". "Na estrada Brixton, esta manhã", correu, "um anel de casamento de ouro puro, encontrado na estrada entre a Taverna 'White Hart' e Holland Grove. Contate o dr. Watson, 221B, Baker Street, entre as oito e nove da noite".

— Desculpe usar o seu nome. Se eu usasse o meu, alguns idiotas iriam reconhecê-lo e se intrometeriam no caso.

— Tudo bem — respondi. — Mass supondo que alguém entre em contato, não tenho um anel.

— Oh sim, você tem — disse ele, me entregando um. — Isso vai correr muito bem. É quase um fac-símile.

— E quem você espera que responda a este anúncio?

— O homem de casaco castanho, o nosso amigo avermelhado com o sapato de bico quadrado. Se ele não vier sozinho, enviará uma cúmplice.

— Ele não acharia muito arriscado?

— De modo algum. Se estou certo, e tenho todas as razões para acreditar que estou, este homem preferiria arriscar qualquer coisa a perder o anel. Pela minha noção, ele deixou cair enquanto se inclinava sobre o corpo de Drebber e não sentiu falta no momento. Depois de sair da casa, descobriu sua perda e voltou com pressa, mas encontrou a polícia já no local, devido à sua própria loucura de deixar a vela acesa. Ele teve de fingir que estava bêbado para acalmar as suspeitas que poderiam ser despertadas pela sua aparição no portão. Agora ponha-se no lugar daquele homem. Pensando bem, talvez tenha lhe ocorrido que poderia ter perdido o anel na estrada depois de sair da casa. O que ele faria então? Ele olharia ansiosamente nos jornais, na esperança de vê-lo entre os artigos encontrados. Seu olhar encontrará o artigo. Ele ficará radiante. Por que temeria uma armadilha? Não haveria razão para que a descoberta do anel estivesse ligada ao homicídio. Ele viria. Ele virá. Você o verá dentro de uma hora?

— E depois?

— Bom, pode deixar que eu me encarrego de lidar com ele. Você tem armas?

— Tenho o meu antigo revólver de serviço e alguns cartuchos.

— É melhor limpá-lo e carregá-lo. Ele será um homem desesperado, e, embora eu vá pegá-lo desprevenido, é melhor estarmos preparados para tudo.

Fui para o meu quarto e segui o conselho dele. Quando voltei com a pistola, a mesa estava limpa e Holmes estava entretido com a sua ocupação favorita de tentar tocar o violino.

— A trama se complica — disse ele, enquanto eu entrava. — Acabei de receber uma resposta ao meu anúncio. A minha teoria sobre o caso está certa.

— E qual é ela? — perguntei ansiosamente.

— O meu violino estaria melhor com cordas novas — comentou ele. — Ponha a pistola no bolso. Quando o sujeito vier, fale com ele de uma forma normal. Deixe o resto comigo. Não o assuste ao olhar para ele com demasiada intensidade.

— Agora são oito horas — falei, olhando para o meu relógio.

— Sim. É provável que ele venha dentro de alguns minutos. Abra ligeiramente a porta. Isso serve. Agora ponha a chave no interior. Obrigado! Este é um livro que peguei em uma barraca ontem, *De Jure inter Gentes*, publicado em latim em Liege, nas Lowlands, em 1642. A cabeça de Charles ainda estava firme em seus ombros quando este pequeno volume castanho foi impresso.

— Quem o imprimiu?

— Philippe de Croy, quem quer que ele tenha sido. Na folha de rosto, em tinta muito desbotada, está escrito "Ex libris Guliolmi Whyte". Me pergunto quem será William Whyte. Um advogado pragmático do século XVII, suponho. A sua escrita tem o tom de quem trabalha com leis. Aí vem o nosso homem, acho eu.

Enquanto ele falava, um som agudo anunciou a campainha. Sherlock Holmes levantou suavemente e moveu a cadeira na direção da porta.

Ouvimos o servo passar pelo corredor, e o afiado clique do trinco quando a porta abriu.

— O dr. Watson vive aqui? — perguntou uma voz clara, mas bastante dura. Não conseguimos ouvir a resposta do servo, mas a porta fechou e alguém começou a subir a escada.

As passadas eram incertas e embaralhadas. Um olhar de surpresa passou pelo rosto do meu companheiro enquanto o ouvia. Veio lentamente ao longo da passagem, e bateu de leve à porta.

— Entre — respondi.

Em resumo, em vez do homem violento que esperávamos, uma mulher muito velha e enrugada entrou no apartamento. Ela parecia estar deslumbrada com o súbito clarão de luz e, depois de nos dar um comprimento formal, ficou lá parada, piscando para nós com os olhos desobstruídos e com os dedos nervosos e trêmulos no bolso. Olhei para Holmes, e seu rosto tinha assumido uma expressão tão desconsolada que tudo o que eu podia fazer era manter o meu semblante.

A velha sacou um jornal da noite e apontou para o nosso anúncio.

— Foi isso que me trouxe aqui, bons cavalheiros — disse ela, fazendo mais uma reverência. — Um anel de casamento de ouro na estrada Brixton. Pertence à minha filha Sally, está casada há apenas doze meses, seu marido é mordomo a bordo um barco da União, e o que ele diria se chegasse em casa e a encontrasse sem a aliança é mais do que eu posso pensar, ele é suficientemente grosseiro, na melhor das vezes, só que piora quando toma algumas bebidas. Se lhe agradar, ela foi ao circo ontem à noite, juntamente com...

— É este o anel dela? — perguntei.

— O senhor seja agradecido! — gritou a velhota. — Sally será uma mulher feliz esta noite. Esse é o anel.

— E qual é o seu endereço? — perguntei, pegando um lápis.

— Duncan Street, 13, Houndsditch. Um caminho longo a partir daqui.

— A estrada de Brixton não fica entre nenhum circo e Houndsditch — disse Sherlock Holmes.

A velha mulher olhou em volta e o fitou com os seus pequenos olhos vermelhos.

— O cavalheiro me pediu o *meu* endereço. Sally mora no alojamento três, Mayfield Place, Peckham.

— E o seu nome é?

— O meu nome é Sawyer. O dela é Dennis, Tom Dennis se casou com ela, um rapaz esperto e digno também, desde que esteja no mar, e não há nenhum comissário de bordo na empresa mais cotado que ele, mas, quando em terra, se perde nas mulheres e na bebida.

— Aqui está o seu anel, sra. Sawyer — interrompi, em obediência a um sinal do meu companheiro. — Pertence claramente à sua filha, e estou feliz por poder devolvê-lo à legítima proprietária.

Com muitas bênçãos murmuradas e protestos de gratidão, a velhota empacotou a aliança no bolso e desceu a escada. Sherlock Holmes pôs-se de pé no momento em que ela foi embora e correu para o quarto dele. Ele voltou em poucos segundos envolto num casaco e com uma gravata.

— Vou segui-la — disse ele, apressadamente. — Ela deve ser uma cúmplice, e vai me levar até ele. Espere por mim.

A porta do corredor mal tinha batido atrás da nossa visitante quando Holmes desceu a escada. Olhando pela janela eu podia vê-la andando devagar pelo outro lado da rua, enquanto seu perseguidor a perseguia um pouco atrás. "Ou toda a sua teoria está incorreta", pensei, "ou então ele desvendará agora o coração do mistério." Não havia necessidade de me pedir para esperar por ele, porque eu sentia que o sono seria impossível até ouvir o resultado da sua aventura.

Era perto das nove quando ele partiu. Não fazia ideia de quanto tempo ele ia demorar, mas me sentei calmamente a soprar no meu cachimbo e a folhear as páginas do *Vie de Boheme*, de Henri Murger. Passavam das dez horas quando ouvi os passos da empregada enquanto se deitava. Onze, e as passadas mais majestosas da senhoria passaram pela minha porta, rumo ao mesmo destino. Era perto da meia-noite quando do ouvi o som agudo da chave dele na fechadura. No instante em que entrou, vi pelo seu rosto que a missão não tinha sido bem-sucedida. A diversão e o desgosto pareciam estar lutando pela maestria, até que a primeira, de repente, carregou o dia, e ele explodiu num riso sincero.

— Eu não deixaria os membros da Scotland Yard saberem disso por nada nesse mundo — gritou ele, caindo em sua cadeira. — Já fiz tanta graça deles que nunca me deixariam ouvir o fim dessa história. Posso me dar ao luxo de rir, porque sei que estaremos quites a longo prazo.

— Então, o que é?

— Não me importo de contar uma história contra mim. Aquela criatura tinha ido um pouco longe quando começou a coxear e mostrar todos os sinais de estar com os pés doloridos. Logo, ela parou e chamou uma carruagem que estava passando. Consegui estar perto para ouvir o endereço, mas não precisava ter sido tão ansioso, pois ela cantou em voz alta o suficiente para ser ouvida do outro lado da rua. "Dirija para Duncan Street, 13, Houndsditch." Isto começa a parecer genuíno, pensei, e tendo visto que estava em segurança lá dentro, me empoleirei na traseira da carruagem. É uma arte em que todos os detetives deveriam ser peritos. Bem, lá fomos nós, e não puxamos as rédeas até chegarmos à rua em questão. Saltei antes de chegarmos à porta e passei pela rua de forma fácil e descontraída. Vi a carruagem encostar. O motorista saltou, e eu o vi abrir a porta e ficar de pé esperançosamente. Mas nada saiu do carro. Quando cheguei a ele, estava a tatear freneticamente na carruagem vazia, e a proferir e coleção mais variada de juramentos que já existiu.

Eu ouvi. Não havia sinais ou vestígios da sua passageira, e receio que demore algum tempo até ele receber pela corrida. Ao perguntar sobre a casa de número 13, descobrimos que ela pertencia a um respeitável forrador chamado Keswick, e que ninguém com o nome de Sawyer ou Dennis tinham morado ali.

— Você não quer dizer que aquela velha mulher vacilante e fraca conseguiu sair da carruagem enquanto ele estava em movimento, sem que nem você nem o motorista vissem?

— Velha uma ova! — disse Sherlock Holmes, bruscamente. — Velhas fomos nós de termos sido enganados tão facilmente. Deve ter sido um homem jovem, e também ativo, além de ser um ator incomparável. O traje era inimitável. Ele viu que foi seguido, sem dúvida, e usou este meio de me passar a perna. Mostra que o homem que procuramos não é solitário como achei que fosse, mas tem amigos que estão dispostos a arriscar algo por ele. Agora, doutor, você parece cansado. Siga o meu conselho e se entregue de uma vez.

Estava mesmo me sentindo muito cansado, por isso obedeci. Deixei Holmes sentado na frente do fogo ardente e, ao longo da noite, ao ouvir os lamentos baixos e melancólicos de seu violino, sabia que ele ainda estava ponderando sobre o estranho problema que tinha se proposto a resolver.

CAPÍTULO VI

TOBIAS GREGSON MOSTRA O QUE PODE FAZER

Os jornais do dia seguinte estavam repletos do "Mistério de Brixton", como o nomearam. Cada um tinha um longo relato do caso, e alguns tinham opiniões fortes também. Havia algumas informações neles que eram novas para mim. Eu ainda tenho meu álbum de recortes e extratos que se relacionam com o caso. Aqui está uma condensação de alguns deles…

O *Daily Telegraph* observou que, em toda a história do crime, raramente tinha havido uma tragédia com características mais estranhas. O nome alemão da vítima, a ausência de qualquer outro motivo e a sinistra inscrição na parede, tudo apontava para a sua perpetração por refugiados políticos e revolucionários. Os socialistas tinham muitas filiais na América, e os falecidos tinham, sem dúvida, infringido sua lei tácita e foram rastreados por eles. Depois de aludir superficialmente a assuntos como Vehmgericht, *aqua tofana*, Carbonari, Marchioness de Brinvilliers, a teoria darwiniana, os princípios de Malthus e os assassinatos na Ratcliff Highway, o artigo concluiu aconselhando o governo e defendendo uma vigilância mais acirrada dos estrangeiros na Inglaterra.

O *Standard* comentou o fato de que ultrajes sem lei desse tipo geralmente ocorriam sob uma administração liberal.

Eles surgiram da perturbação das mentes das massas, e do consequente enfraquecimento de toda a autoridade. O falecido era um cavalheiro americano que residia há algumas semanas em Metropolis. Tinha ficado na pensão de madame Charpentier, em Torquay Terrace, Camberwell. Foi acompanhado nas suas viagens pelo seu secretário particular, o sr. Joseph Stangerson. Os dois se despediram de sua senhoria na terça-feira, dia 4, e partiram para Euston Station com a intenção declarada de pegar o Expresso Liverpool.

Depois foram vistos juntos na plataforma. Nada mais se soube deles até que o corpo do sr. Drebber fosse, como registrado, descoberto numa casa vazia na estrada Brixton, a muitos quilômetros de Euston. Como ele chegou lá, ou como conheceu seu destino, são questões que ainda estão envoltas no mistério.

"Nada se sabe sobre o paradeiro de Stangerson. Estamos contentes em saber que o sr. Lestrade e o sr. Gregson, da Scotland Yard, estão ambos empenhados neste caso. É possível estar confiante em uma resolução rápida deste assunto."

O *Daily News* observou que não havia dúvida de que o crime era político. "O despotismo e o ódio do liberalismo que animaram os governos continentais tiveram o efeito de conduzir até à nossa costa um número de homens que poderiam ter sido excelentes cidadãos se não estivessem tão marcados por tudo o que tinham sofrido. Entre estes homens havia um rigoroso código de honra, qualquer violação era punida com a morte. Todos os esforços devem ser feitos para encontrar o secretário, Stangerson, e para verificar alguns detalhes dos hábitos do falecido. Um grande passo tinha sido dado com a descoberta do endereço da casa na qual ele tinha se hospedado — um resultado que se deveu inteiramente a acuidade e a energia do sr. Gregson da Scotland Yard."

Sherlock Holmes e eu lemos essas notícias juntos no café da manhã, e elas pareciam lhe proporcionar uma diversão considerável.

— Eu disse! Aconteça o que acontecer, Lestrade e Gregson vão levar os créditos.

— Isso depende do desenrolar da história.

— Oh, Deus o abençoe, não importa nem um pouco. Se o homem for pego, será "em função" de seus esforços. Se ele escapar, será "em despeito" de seus esforços. Se der cara, eu ganho, coroa, você perde. O que quer que façam, terão seguidores. "Um tolo encontra sempre um tolo que o admira."

— Que diabo é isto? — perguntei, porque nesse momento surgiu um tamborilar de muitos passos na sala e na escada, acompanhado de audíveis expressões de repugnância por parte de nossa senhoria.

— É a patrulha da Baker Street.

Enquanto ele falava, entraram correndo no cômodo meia dúzia dos mais sujos e esfarrapados moleques de rua que eu já tinha visto.

— Atenção! — gritou Holmes em um tom agudo, e os seis moleques ficaram em uma fila como tantas estatuetas de má reputação. — No futuro, envie Wiggins sozinho para informar, e o resto de vocês devem esperar na rua. Encontrou, Wiggins?

— Não, senhor, não encontramos — disse um dos jovens.

— Achei difícil conseguir. Você deve continuar até encontrar. Aqui está o seu pagamento. — Ele deu a cada um deles um xelim. — Agora, vão e voltem com um relatório melhor da próxima vez.

Ele acenou a mão, eles correram escada abaixo como ratos, e ouvimos suas vozes estridentes no momento seguinte na rua.

— Apenas alguns desses pequenos pedintes trabalham mais do que de uma dúzia de policiais — observou Holmes. — A mera visão de uma pessoa de aspecto oficial sela os lábios dos homens. Estes jovens, no entanto, vão a todo o lado e ouvem tudo. São tão afiados quanto agulhas também… tudo o que querem é organização.

— E você os está empregando neste caso? — perguntei.

— Sim, há um ponto que quero verificar. É apenas uma questão de tempo. Uhul! Agora vamos ouvir algumas notícias! Aqui está Gregson descendo a estrada com a satisfação estampada em cada traço de seu rosto.

— É para nós, eu sei. Sim, ele parou. Ali está!

A campainha foi tocada violentamente e em poucos segundos o detetive de cabelos claros subiu a escada, três passos de cada vez, e entrou em nossa sala de estar.

— Meu caro amigo — gritou, apertando a mão de Holmes —, pode me dar os parabéns! Deixei tudo tão claro como o dia.

Uma sombra de ansiedade pareceu cruzar o rosto expressivo do meu companheiro.

— Você quer dizer que está no caminho certo? — perguntou ele.

— O caminho certo! Ora, senhor, temos o homem atrás das grades.

_ E o nome dele é?

— Arthur Charpentier, subtenente da Marinha Real — gritou Gregson, pomposamente, esfregando as mãos gordas e enchendo o peito.

Sherlock Holmes deu um suspiro de alívio e relaxou num sorriso.

— Sente-se e experimente um destes charutos — disse ele.

— Estamos ansiosos por saber como você conseguiu. Quer uísque e água?

— Bom, já estou aqui mesmo — respondeu o detetive. — Os tremendos esforços pelos quais passei nos últimos dias me desgastaram. Não tanto o esforço corporal, mas a tensão sobre a mente. Vai apreciar isso, sr. Holmes, pois somos ambos pensadores.

— Fico honrado — disse Holmes, gravemente. — Vamos ouvir como chegou a este resultado gratificante.

O detetive se sentou na poltrona e soprou complacentemente no seu charuto. Então, de repente, esbofeteou a coxa num paroxismo de diversão.

— A diversão disso é que aquele idiota do Lestrade, que se acha tão esperto, se enganou e está no caminho errado. Ele está atrás do secretário Stangerson, que teve tanto a ver com o crime quanto um bebê. Não tenho dúvida de que ele já o apanhou a esta altura.

A ideia parecia a Gregson tão engraçada que ele riu até engasgar.

— E como você conseguiu a sua pista?

— Ah, eu conto. Claro, dr. Watson, isto fica estritamente entre nós. A primeira dificuldade que tivemos foi a constatação dos antecedentes americanos. Algumas pessoas teriam esperado até que seus anúncios fossem respondidos, ou até que as partes se apresentassem e oferecessem informações voluntárias. Essa não é a maneira de trabalhar de Tobias Gregson. Você se lembra do chapéu ao lado do morto?

— Sim — disse Holmes —, feito na John Underwood & Sons, estrada Camberwell, 129.

Gregson parecia estar de queixo caído.

— Não fazia ideia que tinha reparado nisso — disse ele. — Já esteve lá?

— Não.

— Rá! — gritou Gregson, numa voz aliviada. — Nunca se negligencia uma oportunidade, por menor que possa parecer.

— Para uma grande mente, nada é pequeno — comentou Holmes, sentenciosamente.

— Fui a Underwood e perguntei se tinha vendido um chapéu daquele tamanho e descrição. Ele olhou nos livros e encontrou de imediato. Tinha enviado o chapéu a um sr. Drebber, residente na pensão da Charpentier, no Torquay Terrace. Assim cheguei ao endereço dele.

— Inteligente, muito inteligente! — murmurou Sherlock Holmes.

— Depois, chamei a madame Charpentier — continuou o detetive. — A encontrei muito pálida e angustiada. Sua filha também estava no quarto, uma garota excepcionalmente bonita. Os olhos estavam vermelhos e seus lábios tremiam enquanto eu falava com ela. Isso não escapou ao meu olhar. Comecei a sentir o rastro do rato. Sabe como é, sr. Holmes, quando você encontra o rastro certo, aquela espécie de adrenalina. "Vocês ouviram falar da morte misteriosa do seu ex-hóspede, o sr. Enoch J. Drebber, de Cleveland?", perguntei.

"A mãe acenou com a cabeça. Ela não parecia ser capaz de dizer uma palavra. A filha explodiu em lágrimas. Senti mais do que nunca que estas pessoas sabiam algo sobre o assunto.

"'Que horas o sr. Drebber saiu de sua casa para pegar o trem?', perguntei.

"'Às oito horas'", disse ela, engolindo a seco para conter a ansiedade. "'O seu secretário, o sr. Stangerson, disse que havia dois trens, um às 9:15 e outro às 11:00. Ele ia pegar o primeiro.'

"'E foi essa a última vez que o viu?'

"Uma terrível mudança surgiu na cara da mulher quando fiz essa pergunta. As suas características se tornaram perfeitamente lívidas. Isso aconteceu alguns segundos antes que ela pudesse falar uma única palavra 'Sim', e, quando falou, foi em um tom rouco e artificial.

"Todos ficamos em silêncio por um momento, e então a filha falou numa voz calma e clara.

"'Nada de bom pode vir da falsidade, mãe', disse ela. 'Vamos ser francas com este cavalheiro. Voltamos a ver o sr. Drebber.'

"'Deus a perdoe!', gritou a madame Charpentier, levantando as mãos e afundando na cadeira. 'Você matou o seu irmão.'

"'Arthur ia preferir que disséssemos a verdade', respondeu a menina com firmeza.

"'É melhor vocês me contarem tudo agora', disse eu. 'Meia-confiança é pior do que nenhuma. Além disso, não sabem o quanto sabemos sobre o caso.'

"'Isto estará na sua consciência, Alice!', gritou a mãe, e então, voltando-se para mim, continuou: 'Direi tudo, senhor. Não imagine que a minha agitação em nome do meu filho surge de qualquer medo de que ele tenha parte neste terrível caso. Ele é inocente. O meu pavor é, no entanto, que aos seus olhos e aos olhos dos outros, ele possa parecer culpado. No entanto, isso é impossível. O seu elevado caráter, a sua profissão, os seus antecedentes o proibiriam.'

"'A melhor saída é esclarecer os fatos', respondi. 'Confie nisso, se o seu filho for inocente, ele está a salvo.'

"'Talvez, Alice, seja melhor nos deixar', disse ela, e a filha se retirou. 'Agora, senhor', continuou ela. 'Não tinha intenção de te contar tudo isso, mas diante do que a minha pobre filha revelou, não tenho alternativa. Já que decidi falar, contarei tudo, sem omitir qualquer detalhe.'

"'É o caminho mais sábio', disse eu.

"'O sr. Drebber estava conosco há quase três semanas. Ele e o seu secretário, o sr. Stangerson, viajavam pelo continente. Notei etiquetas de Copenhague em cada uma de suas bagagens, mostrando que esse tinha sido seu último ponto de parada. Stangerson era um homem reservado e calmo, mas o seu patrão, lamento dizer, era muito diferente. Ele era grosseiro nos seus hábitos e brutal nos seus modos. Na mesma noite em que chegou, ele ficou embriagado rapidamente e, de lei, depois do meio-dia dificilmente se poderia dizer que estava sóbrio. Os seus modos com as servas eram nojentamente livres e abusados. Pior de tudo, ele assumiu a mesma atitude em relação à minha filha, Alice, e falou com ela mais de uma vez de uma forma que, felizmente, ela é muito inocente para entender. Em uma ocasião, ele a pegou em seus braços e a agarrou, o que fez com que o seu próprio secretário o censurasse pela conduta pouco cavalheiresca.'

"'Mas por que aguentou tudo isto?' perguntei. 'Suponho que pode se livrar dos seus hóspedes quando quiser.'

"A sra. Charpentier corou ao som da minha pergunta pertinente. 'Queria Deus que eu tivesse expulsado ele no mesmo dia em que chegou', disse ela. 'Mas era uma tentação dolorosa. Estavam pagando uma libra por dia cada um, 14 libras por semana, e estamos na baixa temporada. Sou viúva, e mandar meu filho para a Marinha me custou muito. Não queria perder o dinheiro. Agi pensando no melhor. Mas essa última situação foi demais e eu o mandei sair. Essa foi a razão da sua partida.'

"'E?'

"'O meu coração se iluminou quando eu o vi se afastar. O meu filho saiu de licença há pouco, mas não lhe contei nada sobre isso, pois seu temperamento é violento, e ele é muito ligado à irmã. Quando fechei a porta atrás deles, uma carga parecia ter sido tirada da minha mente. Infelizmente, em menos de uma hora, ouvi um toque da campainha, e descobri que o sr. Drebber tinha voltado. Ele estava muito entusiasmado e, claro, bêbado. Ele forçou sua entrada no cômodo onde eu estava sentada com minha filha, e fez uma observação incoerente sobre ter perdido seu trem. Então se voltou para Alice e, na minha cara, propôs que ela fosse com ele.'

"'Você é maior de idade', disse, 'e não há lei que a impeça. Tenho dinheiro suficiente e até de sobra. Esqueça a velhota aqui e venha comigo agora mesmo. Você viverá como uma princesa.' A pobre Alice estava tão assustada que se afastou dele, mas ele a pegou pelo pulso e tentou arrastá-la para a porta. Gritei, e nesse momento o meu filho entrou na sala. O que aconteceu depois não sei. Ouvi xingamentos e os sons confusos de uma briga. Estava muito aterrorizada para levantar a cabeça. Quando olhei para cima, vi Arthur de pé na porta rindo, com um pedaço de madeira na mão. 'Não acho que esse sujeito vai nos incomodar novamente. Vou atrás dele para ver o que vai fazer agora.' Com essas palavras, pegou seu chapéu e começou a descer a rua.

"'Na manhã seguinte ouvimos falar da morte misteriosa do sr. Drebber.'

"Esta declaração veio dos lábios da sra. Charpentier com muitos suspiros e pausas. Às vezes ela falava tão baixo que eu mal conseguia entender as palavras. Fiz anotações curtas de tudo o que ela disse, para que não houvesse possibilidade de erro."

— É bastante excitante — disse Sherlock Holmes, com um bocejo. — O que aconteceu depois?

— Quando a sra. Charpentier fez uma pausa — continuou o detetive —, vi que todo o caso tinha um ponto em comum. Eu a encarei de uma forma que sempre acho eficaz com as mulheres e perguntei a que horas o seu filho voltou.

"'Não sei', respondeu ela.

"'Não sabe?'

"'Não, ele tem uma chave e entrou.'

"'Depois de você ter ido para a cama?'

"'Sim.'

"'Quando é que foi para a cama?'

"'Cerca de onze horas.'

"'Então o seu filho desapareceu por pelo menos duas horas?'

"'Sim.'

"'Possivelmente quatro ou cinco?'

"'Sim.'

"'O que estava ele fazendo durante esse tempo?'

"'Não sei', respondeu ela, ficando até com os lábios pálidos.

"Claro que depois disso não havia mais nada a ser feito. Descobri onde estava o tenente Charpentier, levei dois oficiais comigo e o prendi. Quando toquei no ombro dele e o adverti para que viesse tranquilamente conosco, ele nos respondeu com ousadia: 'Suponho que esteja me prendendo por estar envolvido com a morte do canalha de Drebber.' Ninguém tinha dito nada a ele sobre isso, então ele ter mencionado o caso tinha um aspecto muito suspeito."

— Muito — concordou Holmes.

— Ele ainda carregava o pedaço de madeira pesado que a mãe disse que estava com ele quando seguiu Drebber. Era um carvalho robusto.

— Qual é a sua teoria, então?

— Bem, a minha teoria é que ele seguiu Drebber até a estrada Brixton. Quando chegou lá, uma nova briga aconteceu entre os dois, durante a qual Drebber recebeu um golpe do pedaço de madeira, na boca do estômago, talvez, que o matou sem deixar nenhuma marca. A noite estava tão chuvosa que ninguém estava por perto, então Charpentier arrastou o corpo de sua vítima para a casa vazia. Quanto à vela e ao sangue, e à escrita na parede, e ao anel, todos podem ser truques para fazer a polícia seguir pistas erradas.

— Muito bem! — disse Holmes com uma voz encorajadora. — Falando sério, Gregson, está evoluindo. Ainda faremos alguma coisa de você

— Me sinto lisonjeado por ter feito de forma limpa — respondeu o detetive orgulhosamente. — O jovem se ofereceu para fazer uma declaração, na qual dizia que, depois de seguir Drebber por algum tempo, este último o percebeu, e pegou uma carruagem a fim de se afastar dele. A caminho de casa, encontrou um velho companheiro de navio e fez uma longa caminhada com ele. Ao ser perguntado onde vivia este velho companheiro de navio, ele não pôde dar uma resposta satisfatória. Acho que todo o caso se encaixa muito bem. O que me diverte é pensar em Lestrade, que começou com a pista errada. Tenho medo que ele não consiga muito... Pelo amor de Deus, aqui está o homem!

Era de fato Lestrade, que tinha subido a escada enquanto falávamos e entrou na sala. A segurança e a alegria que marcavam seu comportamento e vestimenta estavam, no entanto, desaparecidas nesta noite. Seu rosto estava perturbado e suas roupas, desarrumadas. Ele tinha vindo com a intenção de consultar Sherlock Holmes, pois, ao ver seu colega, pareceu envergonhado. Ele estava no centro da sala, fumegando nervosamente com seu chapéu e sem saber o que fazer.

— Este é um caso extraordinário — disse ele finalmente. — Um caso muito incompreensível.

— Ah, você acha, sr. Lestrade! — gritou Gregson, triunfante. — Pensei que chegaria a essa conclusão. Conseguiu encontrar o secretário, o sr. Joseph Stangerson?

— O secretário, sr. Joseph Stangerson — disse Lestrade gravemente — foi assassinado no Hotel Halliday's Private por volta das seis horas desta manhã.

CAPÍTULO VII

LUZ NA ESCURIDÃO

A informação com a qual Lestrade nos cumprimentou foi tão importante e tão inesperada que nós três ficamos embasbacados. Gregson saiu de sua cadeira e bebeu todo o resto de seu uísque e água. Olhei em silêncio para Sherlock Holmes, cujos lábios estavam comprimidos e as sobrancelhas desenhadas sobre os olhos.

— Stangerson também! — murmurou. — A trama se complica.

— Já era bastante complicado antes — resmungou Lestrade, sentando-se em uma cadeira. — Parece que entrei numa espécie de conselho de guerra.

— Tem certeza desta informação? — gaguejou Gregson.

— Acabei de sair do quarto dele — disse Lestrade. — Fui o primeiro a descobrir o que aconteceu.

— Estivemos ouvindo a opinião de Gregson sobre o assunto — observou Holmes. — Se importa de nos dizer o que viu e fez?

— De forma alguma — respondeu Lestrade, sentando-se. — Confesso que eu achava que Stangerson estava envolvido na morte de Drebber. Este novo desenvolvimento me mostrou que eu estava enganado. Certo dessa ideia, decidi descobrir o que tinha acontecido ao secretário. Eles foram vistos juntos na estação de Euston por volta das oito e meia da noite do terceiro dia. Às duas da manhã, Drebber foi encontrado na estrada Brixton. A questão que me confrontava era descobrir o que Stangerson esteve fazendo entre aquela hora e o horário do crime, e o que tinha acontecido com ele depois. Telegrafei para Liverpool, dando uma descrição do homem, e os avisando para vigiarem os barcos americanos. Então comecei ligar para todos os hotéis e alojamentos nas imediações de Euston. Imaginei que se Drebber e o seu companheiro tivessem se separado, o curso natural para este último seria procurar algum lugar nas proximidades para a noite, e então aparecer de volta na estação na manhã seguinte.

— É provável que tivessem combinado algum lugar de encontro antes — comentou Holmes.

— Exato. Passei toda a noite de ontem investigando sem qualquer utilidade. Esta manhã comecei muito cedo, e às oito horas cheguei ao Hotel Halliday's Private, na rua Little George. Quando questionei se um sr. Stangerson estava morando lá, eles me responderam que sim.

"'Sem dúvida você é o cavalheiro que ele esperava', disseram. 'Ele está esperando um cavalheiro há dois dias.'

"'Onde ele está agora?', perguntei.

"'Está lá em cima na cama. Ele queria ser chamado às nove.'

"'Vou subir e chamá-lo imediatamente.'

"Achei que a minha súbita aparição poderia lhe deixar com os nervos abalados e ele poderia acabar dizendo algo revelador. Se ofereceram para me mostrar o quarto: era no segundo andar, e havia um pequeno corredor que levava até ele. Me apontaram a porta, e estava prestes a descer novamente quando vi algo que me fez sentir enjoado, apesar dos meus vinte anos de experiência. De debaixo da porta, escorria uma pequena faixa vermelha de sangue, que tinha atravessado a passagem e formado uma discreta piscina ao longo do rodapé do outro lado. Dei um grito, que trouxe o rapaz de volta. Ele quase desmaiou quando viu. A porta estava trancada por dentro, mas pusemos os ombros para trabalhar e a derrubamos na força. A janela da sala estava aberta e, ao lado da janela, todo encolhido, estava o corpo de um homem em sua roupa de dormir. Ele estava morto, e já há algum tempo, pois seus membros estavam rígidos e frios. Quando o viramos, o rapaz o reconheceu imediatamente como sendo o mesmo cavalheiro que tinha alugado o quarto com o nome de Joseph Stangerson. A causa da morte foi uma facada profunda no lado esquerdo, que deve ter penetrado no coração. E agora vem a parte mais estranha do caso. O que acha que estava acima do homem assassinado?

Eu senti um frio na espinha e um pressentimento de horror antes mesmo de Sherlock Holmes responder:

— A palavra RACHE, escrita em letras de sangue.

— Isso mesmo — confirmou Lestrade, com uma voz assombrada, e ficamos todos em silêncio durante algum tempo.

Havia algo de tão metódico e tão incompreensível nos atos deste assassino desconhecido que conferia uma nova tenacidade aos seus crimes. Os meus nervos, que eram firmes o suficiente no campo de batalha, formigavam enquanto eu pensava nesse caso.

— O homem foi visto — continuou Lestrade. — Um entregador de leite que passava a caminho da fábrica de laticínios passeava pela rua que vem do meio do viela na parte de trás do hotel. Ele reparou que uma escada, que normalmente ficava ali, estava içada contra uma das janelas do segundo andar, que estava bem aberta. Depois de passar, olhou para trás e viu um homem descendo a escada. Ele descia tão silenciosa e calmamente que o rapaz imaginou que era um carpinteiro ou marceneiro trabalhando no hotel. Ele não deu nenhuma atenção especial ao homem além de pensar consigo mesmo que era cedo para ele estar no trabalho. Ele teve a impressão de que o homem era alto, tinha um rosto avermelhado e estava vestindo um casaco longo e marrom. Deve ter ficado na sala pouco tempo depois do assassinato, pois encontramos água manchada de sangue na bacia, onde ele tinha lavado as mãos, e marcas nos lençóis onde limpou deliberadamente a faca.

Olhei para Holmes enquanto ouvíamos a descrição do assassino, que condizia exatamente com a que ele fizera. Não havia, no entanto, nenhum vestígio de exultação ou satisfação no seu rosto.

— Não encontrou nada no quarto que pudesse dar uma pista do assassino? — perguntou ele.

— Nada. Stangerson tinha a carteira de Drebber no bolso, mas parece que isso era normal, já que ele fazia todos os pagamentos. Havia oitenta libras nela, e nada tinha sido levado. Quaisquer que sejam os motivos desses crimes extraordinários, roubo não é um deles. Não havia papéis ou memorandos no bolso do homem assassinado, exceto um único telegrama, de Cleveland, datado de cerca de um mês, que contém as palavras "J.H. está na Europa". Não havia nenhum nome anexado a esta mensagem.

— E não havia mais nada? — perguntou Holmes.

— Nada de importante. O livro do homem, que ele tinha lido antes de dormir, estava apoiado sobre a cama, e seu cachimbo estava em uma cadeira ao seu lado. Havia um copo de água na mesa, e no parapeito da janela uma caixinha com um par de comprimidos.

Sherlock Holmes levantou da cadeira com uma exclamação de prazer.

— A última ligação — gritou ele, exultante. — O meu caso está completo.

Os dois detetives olharam para ele com espanto.

— Tenho agora nas minhas mãos — disse o meu companheiro, confiante — todos os fios que formaram tal emaranhado. Há, naturalmente, detalhes a serem preenchidos, mas estou certo de todos os fatos principais, desde o momento em que Drebber se separou de Stangerson na estação, até a descoberta do corpo deste, como se eu os tivesse visto com meus olhos. Vou lhes dar uma prova do meu conhecimento. Pode conseguir aqueles comprimidos?

— Estão aqui — disse Lestrade, produzindo uma pequena caixa branca. — Peguei eles, a mala e o telegrama com a intenção de colocá-los em segurança na delegacia. Foi um mero acaso pegar esses comprimidos, pois estou convencido de que não têm qualquer importância.

— Me dê — pediu Holmes. — Agora, doutor — voltando-se para mim —, esses comprimidos são normais?

Certamente que não. Eram de cor cinza perolada, pequenos, redondos e quase transparentes contra a luz.

— Pela sua leveza e transparência, devo imaginar que são solúveis em água — comentei.

— Exatamente — respondeu Holmes. — Agora se importa de descer e buscar aquele pobre diabozinho daquele cachorro terrier que a senhoria queria que você poupasse de dor ontem?

Desci a escada e trouxe o cão nos meus braços. A respiração difícil e a visão envidraçada mostravam que não estava longe do seu fim. Com efeito, o seu focinho branco de neve proclamou que já tinha excedido o tempo habitual de existência canina. Eu o coloquei numa almofada no tapete.

— Agora vou cortar um destes comprimidos em dois — disse Holmes e, desenhando com o seu canivete, deu ação à palavra. — Uma metade nós vamos devolver à caixa para fins futuros. A outra metade vou colocar nesta taça, na qual há uma colher de chá de água. Você percebe que nosso amigo, o doutor, está certo, e que ele se dissolve prontamente.

— Isso pode ser muito interessante — disse Lestrade, no tom de quem suspeita que está sendo ridicularizado. — No entanto, não vejo o que tem a ver com a morte do sr. Joseph Stangerson.

— Paciência, meu amigo, paciência! Você vai descobrir com o tempo que tem tudo a ver. Vou agora acrescentar um pouco de leite para tornar a mistura palatável e, ao apresentá-la ao cão, descobrirmos que ele a toma com facilidade suficiente.

Enquanto falava, verteu o conteúdo do copo de vinho num pires e colocou na frente do terrier, que rapidamente lambeu o conteúdo até secar. O comportamento sério de Sherlock Holmes até agora nos convencia de tal maneira que todos estávamos em silêncio observando atentamente o animal e esperando algum efeito surpreendente. Nada aconteceu, no entanto. O cão continuou deitado esticado sobre a almofada, respirando de forma difícil, mas aparentemente nem melhor, nem pior.

Holmes se encarregou de observá-lo a todo tempo, e minuto após minuto sem resultado, uma expressão de maior desgosto e decepção aparecia em seus traços. Ele roía os lábios, batucava os dedos na mesa, e mostrava cada outro sintoma de impaciência aguda. Tão grande foi a sua emoção que senti pena dele, enquanto os dois detetives sorriram, de forma alguma descontentes com os resultados encontrados.

— Não pode ser uma coincidência — gritou ele, levantando de sua cadeira e andando para cima e para baixo da sala. — Impossível que seja uma mera coincidência. As pílulas que eu suspeitava no caso de Drebber são encontradas após a morte de Stangerson. E, no entanto, são ineficazes. O que isso significa? Certamente minha cadeia de raciocínio não pode ter sido toda falsa. É impossível! E, no entanto, este miserável cão não está morto. Ah, já sei! Já sei!

Com um grito de prazer ele correu até a caixa, cortou a outra pílula em dois, dissolveu-a, adicionou leite e apresentou-a ao terrier. A língua da infeliz criatura parecia quase nem ter sido umedecida na mistura antes de ele ter um arrepio convulsivo em cada membro, e se tornar tão rígido e sem vida quanto se tivesse sido atingido por um raio.

Sherlock Holmes respirou fundo e limpou o suor da testa.

— Eu deveria ter mais fé. Eu deveria saber, a esta altura, que quando um fato parece ser oposto a um longo trem de deduções, ele invariavelmente se prova capaz de suportar alguma outra interpretação. Das duas pílulas naquela caixa, uma era do veneno mais mortal, e a outra era totalmente inofensiva. Eu devia saber disso antes de ter visto a caixa.

Esta última afirmação me pareceu tão surpreendente, que eu mal podia acreditar que ele estava nos seus sentidos sóbrios. Havia um cão morto, no entanto, para provar que a sua conjectura estava correta. Me parecia que as dúvidas em minha própria mente estavam gradualmente se dissipando, e comecei a ter uma percepção fraca e vaga da verdade.

— Tudo isso parece estranho — continuou Holmes — porque você falhou no início da investigação em compreender a importância da única pista real que lhe foi apresentada. Tive a sorte de aproveitar isso, e tudo o que aconteceu desde então serviu para confirmar minha suposição original, e, de fato, foi a sequência lógica dela. Daí as coisas que o deixaram perplexo e tornaram o caso mais obscuro serviram para me iluminar e fortalecer as minhas conclusões. É um erro confundir estranheza com mistério. O crime mais comum é frequentemente o mais misterioso porque não apresenta características novas ou especiais das quais se possam extrair deduções. Este assassinato teria sido infinitamente mais difícil de desvendar se o corpo da vítima tivesse sido encontrado deitado na estrada sem nenhum desses 'outros' acompanhamentos sensacionais que o tornaram notável. Esses detalhes estranhos, longe de tornar o caso mais difícil, tiveram o efeito de torná-lo menos complicado.

O sr. Gregson, que tinha escutado este discurso com considerável impaciência, não conseguiu mais se conter.

— Olhe aqui, sr. Holmes — disse ele —, estamos todos prontos para reconhecer que você é um homem inteligente, e que tem seus próprios métodos de trabalho. Mas agora queremos algo mais do que mera teoria e pregação. É o caso de prender um homem. Dei o meu parecer e parece que estava errado. O jovem Charpentier não podia estar envolvido nesse segundo caso. Lestrade foi atrás do seu homem, Stangerson, e parece que ele também estava errado. Você jogou fora dicas aqui e ali, e parece saber mais do que nós, mas chegou o momento em que sentimos que temos o direito de perguntar diretamente a você o quanto você sabe do crime. Consegue nomear o homem que o cometeu?

— Não posso deixar de sentir que Gregson tem razão, senhor — comentou Lestrade. — Ambos tentamos, e ambos falhamos. Você já comentou mais de uma vez desde que estive no quarto que você tinha todas as provas de que precisa. Certamente que não vai segurá-las por mais tempo.

— Qualquer atraso na prisão do assassino — observei — pode lhe dar tempo para cometer uma nova atrocidade.

Assim pressionado por todos nós, Holmes mostrou sinais de irresolução. Ele continuou andando de um lado para o outro no quarto com a cabeça afundada no peito e as sobrancelhas abaixadas, como era de hábito quando se perdia em seus pensamentos.

— Não haverá mais assassinatos — disse, parando abruptamente e a nossa frente. — Pode desconsiderar isso. Você me perguntou se sei o nome do assassino. A resposta é sim. O mero conhecimento de seu nome é algo pequeno, porém, comparada com o poder que temos de colocar nossas mãos nele. Espero que isso aconteça muito em breve. Tenho jeitos de conseguir fazer isso sozinho; mas é uma questão que requer um tratamento delicado, pois temos de lidar com um homem astuto e desesperado, que é apoiado, como tive ocasião de provar, por outro que é tão inteligente quanto ele próprio. Enquanto esse homem não tiver ideia de que alguém possa ter uma pista, há alguma chance de pegá-lo. Mas, se ele tiver a menor suspeita, mudaria de nome e desapareceria em um instante entre os quatro milhões de habitantes dessa grande cidade. Sem querer ferir nenhum dos seus sentimentos, sou obrigado a dizer que considero que estes homens não são páreo para a força oficial, e é por isso que não pedirei a sua ajuda. Se eu falhar, irei, é claro, colocar toda a culpa nesta omissão, mas para isso estou preparado. No momento estou pronto para prometer que no instante em que puder me comunicar com vocês sem pôr em perigo meus próprios esquemas, eu o farei.

Gregson e Lestrade pareciam estar longe de satisfeitos com esta garantia, ou com a alusão depreciativa à polícia. O primeiro corou até a raiz dos cabelos acobreados, enquanto os olhos do outro brilhavam de curiosidade e ressentimento. No entanto, nenhum deles teve tempo para falar, antes que escutássemos na porta o porta-voz dos garotos de rua, o jovem Wiggins, apresentar sua pessoa insignificante e repugnante.

— Por favor, senhor — disse ele, ajeitando o topete. — A carruagem está lá em baixo.

— Lindo menino — disse Holmes, suavemente. — Por que não introduzem este padrão na Scotland Yard? — continuou, pegando um par de algemas de aço de uma gaveta. — Veja como funcionam lindamente os jovens. Eles resolvem tudo em um instante.

— O velho padrão é bom o suficiente — comentou Lestrade —, se conseguirmos encontrar o homem para usá-los.

— Muito bem, muito bem — disse Holmes, sorrindo. — O taxista pode muito bem me ajudar com as minhas caixas. Peça que suba, Wiggins.

Fiquei surpreso ao ver o meu companheiro falando como se estivesse prestes a partir para uma viagem, pois não tinha me dito nada. Havia um pequeno baú no quarto, e ele começou a puxá-lo para fora e a amarrá-lo. Estava ocupado quando o taxista entrou na sala.

— Me dê uma ajuda com essa fivela, taxista — pediu ele, se ajoelhando sobre sua tarefa, e nunca virando a cabeça.

O taxista se aproximou com um ar um tanto mal-humorado e desafiador, e pousou as mãos para ajudar. Naquele instante houve um clique afiado, o tilintar do metal, e Sherlock Holmes saltou sob os pés novamente.

— Meus senhores — gritou ele, com olhos brilhantes —, me deixem lhes apresentar o sr. Jefferson Hope, o assassino de Enoch Drebber e de Joseph Stangerson.

Tudo aconteceu em um segundo, tão rápido que não tive tempo de me situar. Mas tenho uma lembrança vívida daqueles instantes, da expressão triunfal de Holmes e do tom de sua voz, do rosto atordoado e selvagem do taxista enquanto olhava para as algemas brilhantes, que tinham aparecido como que por magia em seus pulsos. Por um segundo ou dois, poderíamos ter sido um grupo de estátuas. Então, com um rugido inarticulado de fúria, o prisioneiro se libertou das garras de Holmes e se atirou pela janela. A madeira e o vidro cederam diante dele, mas, antes que ele fosse longe, Gregson, Lestrade e Holmes pularam sobre ele como estacas. Ele foi arrastado para o quarto e depois um conflito terrível começou. Ele era tão poderoso e tão feroz que nós quatro fomos sacudidos uma ou outra vez. Ele parecia ter a força convulsiva de um homem com um ataque epiléptico.

Seu rosto e suas mãos foram terrivelmente mutilados pela passagem pelo vidro, mas a perda de sangue não diminuiu em nada a sua resistência. Só quando Lestrade conseguiu meter a mão dentro de seu colarinho e quase o estrangulou é que conseguimos fazê-lo perceber que sua luta era em vão e, mesmo assim, não nos sentimos em segurança até que amarramos seus pés e suas mãos. Isso feito, levantamos sem fôlego e ofegantes.

— Temos a carruagem dele — disse Sherlock Holmes. — Servirá para levá-lo para a Scotland Yard. E agora, cavalheiros — continuou, com um sorriso agradável —, chegamos ao fim do nosso pequeno mistério. Façam quaisquer perguntas que quiserem e não há perigo de que eu me recuse a respondê-las.

PARTE II
O PAÍS DOS SANTOS

CAPÍTULO I
NA GRANDE PLANÍCIE ALCALINA

Na porção central do grande continente norte-americano há um deserto árido e repulsivo que durante muitos anos serviu como uma barreira contra o avanço da civilização. Da Serra Nevada ao Nebraska, e do rio Yellowstone no norte ao Colorado no sul, a região é de desolação e silêncio.

Nem a Natureza está sempre de bom humor nesta região sombria. É composta de montanhas altas e cobertas de neve, e vales escuros e tenebrosos. Há rios que correm ligeiros através dos cânions irregulares, e enormes planícies, que no inverno são brancas de neve, e no verão são cinzentas com o pó alcalino do mar. Todos eles preservam, no entanto, as características comuns de inospitalidade e miséria.

Não há habitantes nesta terra de desespero. Um bando de Pawnees ou de Blackfeet pode ocasionalmente atravessá-la para chegar a outros campos de caça, mas mesmo os mais corajosos ficam felizes em perder de vista aquelas planícies e se encontrarem mais uma vez em suas pradarias. Os coiotes escavam no meio do mato, o abutre plana pesado no ar, e o urso pardo desajeitado se escora através das ravinas escuras e apanha o alimento que pode entre as rochas. Estes são os habitantes solitários do deserto.

Em todo o mundo não pode haver uma visão mais sombria do que a da encosta norte da Sierra Blanco. Até onde o olho pode alcançar se estende uma grande área plana, toda polvilhada com manchas de álcali e intersectada por aglomerados de pequenos arbustos de chaparral. No limite extremo do horizonte está uma longa cadeia de picos montanhosos, com os seus cumes escarpados salpicados de neve. Neste grande trecho do país não há sinal de vida, nem de nada que pertença a vida. Não há pássaro no céu azul-aço, não há movimento sobre a terra cinzenta e sem brilho — acima de tudo, há silêncio absoluto. Pode-se até tentar ouvir, mas não há som em todo aquele poderoso deserto. Nada mais que silêncio — silêncio completo daqueles que silencia ao coração.

Se diz que não há nada que pertença à vida na planície ampla. Isso não é verdade. Olhando para baixo a partir da Sierra Blanco, se vê um caminho traçado através do deserto, que se afasta e se perde na distância extrema. É cortado por rodas e pisado pelos pés de muitos aventureiros. Aqui e ali há objetos brancos espalhados que brilham no sol e se destacam contra o depósito maçante de álcali. Se aproximem e os examinem! Eles são ossos: alguns grandes e grossos, outros pequenos e mais delicados. Os primeiros pertencem aos bois, e os últimos aos homens. Por mil e quinhentos quilômetros, é possível traçar essa rota horrível da caravana por meio dos restos dispersos daqueles que caíram à beira do caminho.

Olhando para esta mesma cena, no dia 4 de maio de 1847, havia um viajante solitário. Sua aparência era tal que ele poderia ter sido o próprio gênio ou demônio da região. Um observador teria tido dificuldade em dizer se estava mais perto dos quarenta ou dos sessenta. Seu rosto era magro e cansado e a pele, parda como o pergaminho, era desenhada sobre os ossos projetados. Seu longo cabelo e barba eram todos salpicados de branco, seus olhos estavam fundos, e iluminados com um brilho não natural, enquanto a mão que agarrava seu fuzil não era mais carnuda do que a de um esqueleto.

Enquanto estava de pé, se apoiava em sua arma, e ainda assim sua figura alta e a estrutura maciça de seus ossos sugeriram uma constituição vigorosa. Seu rosto esquelético, porém, e as roupas penduradas em seus membros enrugados proclamavam o que lhe dava aquele ar senil e aparência decrépita. O homem estava morrendo — morrendo de fome e de sede.

Ele tinha descido dolorosamente pela ravina abaixo em direção a esta pequena elevação na esperança vã de ver alguns sinais de água. Ora, a grande planície salgada se estendia diante dos seus olhos, o cinturão distante dos montes selvagens, sem sinal algum em qualquer parte de planta ou árvore, o que poderia indicar a presença de umidade. Em toda aquela ampla paisagem não havia um brilho de esperança. Para o norte, para o leste e para o oeste, ele olhou com olhos interrogadores e selvagens, e então percebeu que suas peregrinações haviam chegado ao fim, e que ali, naquele rochedo estéril, ele estava prestes a morrer.

— Porque não aqui, assim como em um colchão de penas, vinte anos depois? — murmurou, sentando sob abrigo de uma rocha.

Antes de se sentar, ele tinha depositado no chão seu fuzil inútil, e também um grande pedaço de pano amarrado como um xale cinza, que carregava pendurado sobre seu ombro direito. Parecia um pouco pesado demais para a sua força, porque, ao baixá-lo, desceu ao chão com um pouco de violência. Instantaneamente surgiu do tecido cinzento um pequeno gemido, e dele saiu um rosto pequeno e assustado, com olhos castanhos muito brilhantes, e dois pequenos punhos salpicados de manchas.

— Você me machucou! — disse uma voz infantil com censura.

— Eu deveria ter pensado melhor — respondeu o homem penitentemente. — Não era a minha intenção.

Enquanto falava, desembrulhou o xale cinzento e tirou dele uma menina bonita de cerca de cinco anos de idade, cujos sapatos delicados e túnica rosa com seu pequeno avental de linho deixavam claro o cuidado de uma mãe. A criança estava pálida e fraca, mas seus braços e pernas saudáveis mostravam que ela havia sofrido menos do que seu companheiro.

— Como está agora? — respondeu ele ansioso, pois ela ainda estava esfregando os cachos dourados que cobriam a parte de trás de sua cabeça.

— Dá um beijo pra sarar — pediu ela, com gravidade perfeita, empurrando a parte lesionada na direção dele. — Era o que a mamãe costumava fazer. Onde está a mamãe?

— A mamãe foi embora. Acho que você vai vê-la em breve.

— Desapareceu, é? — disse a menina. — Mas ela não se despediu. Ela sempre se despedia se fosse até a casa da tia para tomar chá, e agora está fora há três dias. Está muito seco, não está? Não há água, nem nada para comer?

— Não, não há nada, querida. Você vai ter que ser um pouco paciente, e depois tudo vai ficar bem. Põe a cabeça para cima de mim assim, e vai se sentir mais valente. Não é fácil falar quando os lábios estão como couro, mas acho melhor dizer como são as coisas. O que você tem aí?

— Coisas bonitas! Coisas bonitas! — gritou a menina entusiasmada, segurando dois fragmentos brilhantes de mica. — Quando voltarmos para casa, dou ao irmão Bob.

— Em breve você vai ver coisas mais bonitas do que essas — disse o homem com confiança. — Espera um pouco. Eu ia dizer... Se lembra de quando saímos do rio?

— Oh, sim.

— Bem, achamos que a gente ia ver outro rio em breve, entende? Mas algo deu errado. Com as bússolas, ou com o mapa, ou algo assim, e ele não apareceu. A água acabou. Só sobrou um pouco para você.

— E você não conseguiu se lavar — interrompeu a criança, olhando para o seu rosto sombrio.

— Não, nem beber. E o sr. Bender foi o primeiro a ir, e depois o índio Pete, e depois a sra. McGregor, e depois Johnny Hones, e depois, querida, a sua mãe.

— Então a mamãe também está morta! — gritou a menina e se escondeu em seu pano enquanto chorava amargamente.

— Sim, foram todos menos você e eu. Então achei que havia alguma chance de água nessa direção, e aí coloquei você no meu ombro e partimos juntos. Mas não parece que isso tenha melhorado as coisas. Há uma pequena chance para nós agora!

— Quer dizer que vamos morrer também? — perguntou a criança, em meio a soluços e levantando seu rosto manchado de lágrimas.

— Acho que é mais ou menos isso.

— Por que não me falou antes? — disse ela, rindo alegremente. — Você me assustou. Mas, quando morrermos, estaremos de novo com a mamãe.

— Sim, querida.

— E você também. Vou contar pra ela o quão bom você tem sido. Aposto que ela vai nos receber na porta do céu com uma grande jarra de água e muitos bolos de trigo, quentes e torrados de ambos os lados, como Bob e eu gostamos. Quanto tempo vai demorar?

— Não sei… não muito tempo.

Os olhos do homem estavam fixos no horizonte. Na abóbada azul do céu haviam aparecido três pequenas manchas que aumentavam de tamanho a cada momento, e se aproximavam. Eram três grandes pássaros marrons, que circularam sobre as cabeças dos dois, e então se estabeleceram sobre algumas rochas próximas. Eram abutres, os abutres do oeste, cuja vinda é a precursora da morte.

— Galos e galinhas — gritou a menina alegremente, apontando e batendo palmas para fazê-las subir. — Me diz, Deus fez este país?

— Claro que sim — respondeu o homem, bastante assustado com esta pergunta inesperada.

— Ele fez a terra de Illinois, e fez o Missouri — continuou a menina. — Acho que outra pessoa fez o país por estas bandas. Não está assim tão bem feito. Se esqueceram da água e das árvores.

— O que acha de fazer uma oração? — perguntou o homem com insegurança.

— Ainda não é noite — retrucou ela.

— Não importa. Não é tão normal, mas Deus não se importará com isso, pode acreditar. Reze umas daquelas que você costumava rezar todas as noites no vagão quando estávamos nas planícies.

— Por que não reza também? — perguntou a criança, com olhos curiosos.

— Não me lembro muito de como rezar — respondeu ele. — Não rezo desde que tinha metade da altura dessa arma. Mas acho que nunca é tarde demais. Você começa, e eu acompanho.

— Então você vai precisar se ajoelhar, e eu também — comentou ela, colocando o xale no chão para esse propósito. — Tem que levantar as mãos assim. Faz você se sentir bem.

Teria sido uma visão e tanto se tivesse havido alguém além dos abutres para vê-la. Lado a lado no xale estreito se ajoelharam os dois errantes, a pequena criança tagarela e o aventureiro imprudente e endurecido. A cara gordinha dela, e o rosto anguloso e cansado dele, estavam ambos virados para o céu sem nuvens em sincera súplica àquele ser terrível com quem estavam face a face, enquanto as duas vozes — uma fina e clara, a outra profunda e dura — se uniram no pedido de misericórdia e perdão. Terminada a oração, eles retomaram o seu assento à sombra da rocha até que a criança adormeceu, se aninhando sobre o peito largo do seu protetor.

Ele vigiou o seu sono durante algum tempo, mas a Natureza provou ser forte demais para ele. Por três dias e três noites ele não se tinha deixado repousar nem descansar. Lentamente, as pálpebras caíram sobre os olhos cansados, e a cabeça afundou mais e mais abaixo no peito, até que a barba cinzelada do homem foi misturada com as tranças de ouro de sua companhia e ambos dormiram o mesmo sono profundo e sem sonhos.

Se o viajante tivesse ficado acordado por mais meia hora, uma visão estranha teria encontrado seus olhos. Ao longe, na extremidade extrema da planície alcalina, levantou-se um pouco de pó, muito ligeiro no início, e dificilmente distinto das névoas na distância, mas crescendo gradualmente mais alto e mais largo até formar um sólido, uma nuvem bem definida. Essa nuvem continuou a aumentar de tamanho até tornar-se evidente que ela só poderia ser levantada por uma grande multidão de criaturas em movimento. De um ponto de vista ainda melhor, o observador teria chegado à conclusão de que um daqueles grandes rebanhos de bisões que pastam nas terras da pradaria se aproximavam dele. Isto era obviamente impossível nestes selvagens áridos. À medida que a nuvem do pó se aproximava do canto solitário sobre o qual repousavam os dois párias, os basculantes de vagões cobertos de lona e as figuras de cavaleiros armados começaram a aparecer através da bruma, e a aparição se revelou como sendo uma grande caravana em sua jornada para o Oeste. Mas que caravana! Quando o início dela atingiu a base das montanhas, a retaguarda ainda não era visível no horizonte. Atravessando a enorme planície esticada, vagões e carroças, homens a cavalo e homens a pé. Havia também inúmeras mulheres que cambaleavam com cargas, e crianças que pedalavam ao lado dos vagões ou espreitavam de debaixo das cobertas brancas.

Não se tratava, evidentemente, de um conjunto comum de imigrantes, mas sim de alguns nômades que tinham sido compelidos a procurar um novo território devido à força das circunstâncias. Se erguia pelo ar puro um barulho confuso e rumoroso desta grande massa de humanidade com o ranger das rodas e o ronco dos cavalos, mas por mais alto que fosse, não era o suficiente para despertar os dois viajantes cansados acima deles.

No topo da coluna havia uma dúzia ou mais de homens com máscaras de ferro, vestidos com roupas sombrias e armados com espingardas. Ao chegar à base do morro, eles pararam e fizeram uma pequena reunião entre si.

— Os poços estão à direita, meus irmãos — disse um deles, um homem de lábios duros, barbeado e com cabelo grisalho.

— À direita da Sierra Blanco, assim chegaremos ao Rio Grande — disse outro.

— Não sinta medo da água — gritou um terceiro. — Aquele que a desenhou das rochas não abandonará agora o seu povo escolhido.

— Amém! Amém! — respondeu o grupo todo.

Eles estavam prestes a retomar a sua jornada quando um dos mais jovens e de olhos frescos proferiu uma exclamação e apontou para o rochedo sobre eles. Em seu cume flutuava um pontinho cor-de-rosa parecendo brilhante contra as rochas cinzentas atrás. Em seguida houve um reinar geral de cavalos e desarmar de armas, enquanto cavaleiros novos vinham galopando para reforçar a retaguarda. A palavra "pele-vermelha" estava em todos os lábios.

— Não pode haver índios aqui — falou um homem mais velho que parecia estar no comando. — Passamos pelos Pawnees, e não há outras tribos até atravessarmos as grandes montanhas.

— Devo ir em frente e checar, irmão Stangerson? — perguntou um dos membros da caravana.

— E eu? — perguntaram uma dúzia de vozes.

— Deixem os cavalos e me esperem aqui em baixo — respondeu o ancião.

Em instantes os jovens desmontaram, amarraram seus cavalos e subiram a íngreme encosta que levou ao objeto que havia despertado sua curiosidade. Eles avançaram rápida e silenciosamente com a confiança e destreza de escoteiros experientes. Os vigilantes da planície abaixo podiam vê-los voar de pedra em pedra até que suas figuras se destacaram contra a linha do horizonte. O jovem que tinha dado primeiro o alarme conduzia o grupo. De repente, os seus seguidores o viram levantar as mãos, como que tomados de espanto, e, ao unirem-se a ele, foram afetados da mesma forma pela visão que encontraram diante de seus olhos.

No pequeno planalto que coroava a colina estéril havia um único pedregulho gigante, e contra esse pedregulho havia um homem alto, de barbas compridas e duras, mas de uma magreza excessiva. O seu rosto tranquilo e respiração regular mostraram que ele dormia profundamente. Ao seu lado havia uma pequena criança, com braços brancos e redondos rodeando seu pescoço castanho e sua cabeça de cabelos dourados descansando sobre o peito de sua túnica de veludo. Os lábios rosados dela estavam separados, mostrando a linha regular de dentes brancos de neve e um sorriso travesso brincando com seus traços infantis. As suas pernas brancas e gordas, terminando em meias brancas e sapatos limpos com fivelas brilhantes, ofereciam um contraste estranho com os longos e flácidos membros do seu companheiro. No parapeito da rocha sobre onde a estranha dupla estava, havia três abutres solenes, que, ao ver os recém-chegados, grasnaram de desapontamento e desapareceram no horizonte.

Os gritos dos pássaros imundos despertaram os dois adormecidos que os encararam fixamente, perplexos. O homem cambaleou para ficar de pé e olhou para a planície que estava tão desolada quanto o sono que o atingiu, e que agora era atravessada por este enorme corpo de homens e animais. O rosto dele assumiu uma expressão de incredulidade enquanto olhava, e passou a mão esquelética sobre os olhos.

— Isto é o que eles chamam de delírio, eu acho — murmurou ele.

A criança estava ao seu lado, agarrada à barra do seu casaco e não disse nada, mas olhou para tudo à sua volta com aquele olhar questionador da infância.

O grupo de resgate conseguiu rapidamente convencer os dois párias de que a sua aparência não era uma ilusão. Um deles apanhou a menina e içou-a no ombro, enquanto outros dois apoiaram o seu companheiro esquálido, e o ajudaram até as carroças.

— Meu nome é John Ferrier — explicou o homem. — Eu e aquela pequena somos tudo o que restou de vinte e uma pessoas. O resto morreu de sede e fome no sul.

— Ela é sua filha? — perguntou alguém.

— Acho que agora é — disse o homem, desafiadoramente. — Ela é minha porque a salvei. Nenhum homem vai tirá-la de mim. Ela é Lucy Ferrier a partir de hoje. — Olhando com curiosidade para os seus salvadores robustos e queimados de sol, continuou: — Parece que há muitos de vocês.

— Quase dez mil — informou um dos jovens. — Somos os filhos perseguidos de Deus, os escolhidos do Anjo Merona.

— Nunca ouvi falar nele — respondeu o viajante. — Ele parece ter escolhido uma bela multidão de vocês.

— Não brinque com o que é sagrado — disse o outro severamente.
— Somos aqueles que acreditam nos escritos sagrados, desenhados em letras egípcias em placas de ouro batido, que foram entregues ao santo Joseph Smith em Palmyra. Viemos de Nauvoo, no estado de Illinois,

onde fundamos o nosso templo. Estamos em busca de um refúgio contra o homem violento e contra aqueles sem Deus, ainda que seja no coração do deserto.

O nome Nauvoo trouxe recordações a John Ferrier.

— Entendi, vocês são mórmons.

— Somos mórmons — responderam com uma só voz.

— E para onde vocês estavam indo?—

— Não sabemos. A mão de Deus está nos guiando através do nosso Profeta. Você tem que encontrá-lo. Ele dirá o que você deve fazer.

Já tinham chegado à base da colina a essa altura, e estavam rodeados de multidões de peregrinos — mulheres de cara pálida, crianças com risadas estridentes e homens de olhos ansiosos e arregalados. Muitos foram os gritos de espanto e de comiseração que eles deram quando perceberam a juventude de um dos resgatados e a miséria do outro. No entanto, a escolta deles não parou, mas seguiu por uma grande multidão de mórmons até que chegaram a um vagão que se destacava por seu grande tamanho e belo acabamento. Seis cavalos estavam ligados a ele, enquanto os outros estavam equipados com dois ou, no máximo, quatro.

Ao lado do motorista estava sentado um homem que não poderia ter mais de trinta anos de idade, mas cuja expressão resoluta o marcava como um líder. Ele estava lendo um livro de capa marrom, mas à medida que a multidão se aproximava, ele o deixou de lado e ouviu atentamente um relato do episódio. Depois se virou para os dois párias.

— Se levarmos vocês conosco — começou a explicar ele, em palavras solenes —, só pode ser como crentes do nosso credo. Não teremos lobos no nosso rebanho. É melhor que os seus ossos brancos brilhem neste deserto do que se provem ser vocês o pequeno bicho que com o tempo apodrece toda a fruta. Vocês virão conosco nestes termos?

— Acho que vamos com vocês em quaisquer termos — disse Ferrier, com tal ênfase que os anciãos não conseguiram conter os sorrisos. Só o líder manteve a expressão severa.

— Leve o homem, irmão Stangerson — disse ele — e dê comida e bebida a ele e à criança. Que seja sua tarefa também lhe ensinar o nosso santo credo. Já nos atrasamos o suficiente. Em frente! Em frente, em direção a Zion!

— Em frente, em direção a Zion — gritou a multidão mórmon, e as palavras se agitaram na longa caravana, passando de boca em boca, até que morreram num murmúrio enfadonho ao longe.

Com um estalar de chicotes e um ranger de rodas, os grandes vagões entraram em movimento, e logo toda a caravana estava andando mais uma vez. O ancião responsável pelo cuidado dos dois novos estranhos no ninho os levou até o seu vagão, onde uma refeição já os esperava.

— Ficarão aqui — disse ele. — Dentro de alguns dias vão se recuperar do cansaço. Entretanto, se lembrem que agora, e para sempre, são da nossa religião. Brigham Young disse, e falou com a voz de Joseph Smith, que é a voz de Deus.

CAPÍTULO II

A FLOR DE UTAH

Este não é o lugar para comemorar os julgamentos e as privações sofridas pelos imigrantes mórmons antes de chegarem ao seu último paraíso. Das margens do Mississippi até as encostas ocidentais das Montanhas Rochosas, eles tinham lutado com uma constância que não encontra paralelo na história. O homem selvagem, a besta selvagem, a fome, a sede, a fadiga e a doença, todos os impedimentos que a natureza poderia colocar no caminho, haviam sido superados com tenacidade anglo-saxônica.

No entanto, a longa viagem e os terrores acumulados abalaram os corações dos mais robustos dentre eles. Não houve ninguém que não tenha se ajoelhado em oração sincera quando viu o amplo vale do Utah banhado pela luz do sol, e aprendeu dos lábios do seu líder que essa era a terra prometida, e que esses acres virgens deveriam ser deles para sempre.

Young rapidamente provou ser um administrador hábil, bem como um chefe resoluto. Mapas foram desenhados e gráficos preparados, nos quais a futura cidade foi desenhada. Todas as explorações agrícolas foram repartidas e distribuídas proporcionalmente à cada indivíduo. O comerciante foi posto ao seu serviço e o artesão a sua vocação. Na cidade surgiram ruas e praças, como que por magia. No campo havia drenagem e sebes, plantio e clareira, até que no verão seguinte todo o lugar ficou dourado com a colheita do trigo. Tudo prosperava na estranha colônia. Acima de tudo, o grande templo que tinham erguido no centro da cidade se tornou cada vez maior e mais alto. Desde o primeiro rubor do amanhecer até ao fechar do crepúsculo, o ruído do martelo e o raspar da serra nunca estiveram ausentes do monumento que os imigrantes ergueram para Aquele que os tinha conduzido a salvo de muitos perigos.

Os dois párias, John Ferrier e a menina que tinha partilhado sua sorte, e havia sido adotada como sua filha, acompanharam os mórmons até o final de sua grande peregrinação. A pequena Lucy Ferrier foi levada com regalias no vagão de Elder Stangerson, um retiro que ela compartilhou com as três esposas do mórmon e com seu filho, um garoto de doze anos que se destacava pela maturidade. Tendo sofrido com a elasticidade da sua infância e com o choque causado pela morte de sua mãe, ela logo se tornou um pequeno xodó para as mulheres e se reconciliou com esta nova vida em sua casa coberta de lona que se movia por aí. Enquanto isso, Ferrier, tendo se recuperado, se destacava por ser um guia útil e um caçador incansável. Ele ganhou tão rapidamente a estima do seu novo companheiros, que quando chegaram ao fim de suas peregrinações, ficou unanimemente acordado que ele deveria receber um terreno tão grande e fértil quanto qualquer um dos colonos, com exceção do próprio Young, e de Stangerson, Kemball, Johnston e Drebber, que eram os quatro principais Anciãos.

Na fazenda assim adquirida, John Ferrier construiu uma substancial casa de madeira, que recebeu tantas adições nos anos seguintes que se transformou em uma espaçosa vila. Ele era um homem de mente prática, perspicaz em seus negócios e hábil com as mãos. A sua constituição de ferro lhe permitia trabalhar de manhã à noite para melhorar e lavrar as suas terras. O que aconteceu foi que a sua fazenda, e todas as terras que lhe pertenciam, prosperaram grandemente. Em três anos estava em melhor situação do que os seus vizinhos, em seis anos estava muito bem, em nove anos ficou rico, e em doze anos não havia meia dúzia de homens em toda a cidade de Salt Lake que se podia comparar com ele. Do grande mar interior até as longínquas montanhas Wahsatch, não havia nome mais conhecido do que o de John Ferrier.

Havia uma coisa e apenas uma com a qual ele ofendia os seus correligionários. Nenhum argumento ou persuasão foi capaz induzi-lo a se casar novamente, à maneira de seus companheiros. Ele nunca deu razões para esta persistente recusa, mas se contentou em aderir resoluta e inflexivelmente à sua determinação. Havia alguns que o acusavam de problemas em certas regiões, e outros que a atribuíam à ganância da riqueza e à relutância em incorrer em despesas extras.

Outros falavam de um caso amoroso prematuro e de uma menina de cabelos lisos que tinha se afastado nas margens do Atlântico. Seja qual fosse a razão, Ferrier permaneceu estritamente celibatário. Em todos os outros aspectos, ele se conformou com a religião da jovem colônia e ganhou a fama de ser um homem ortodoxo e correto.

Lucy Ferrier cresceu dentro da casa de madeira e ajudou o pai adotivo em todos os seus empreendimentos. O ar aguçado das montanhas e o cheiro balsâmico dos pinheiros ocuparam o lugar de cuidadora e de mãe da jovem. Com o passar dos anos, ela ficou mais alta e mais forte, sua bochecha mais avermelhada, e seu passo mais elástico. Muitos viajantes na estrada alta que passava pela fazenda de Ferrier sentiam os pensamentos há muito tempo esquecidos reviverem em suas mentes enquanto observavam sua agilidade a trotar pelos campos de trigo, ou a encontravam montada no cavalo garanhão de seu pai como se o conduzisse com toda a facilidade e graça de uma verdadeira criança do Ocidente. O broto floresceu em flor, e o ano que seu pai se tornou o mais rico dos fazendeiros, a tornou também a mais bela e desejada jovem que se podia encontrar em toda a costa do Pacífico.

Não foi o pai, no entanto, que descobriu primeiro que a criança tinha se tornado mulher. Raramente o é em tais casos. Essa mudança misteriosa é demasiado sutil e gradual para ser medida por datas. Muito menos a própria donzela sabe disso até que o tom de uma voz ou o toque de uma mão faça seu coração vibrar dentro dela e ela aprenda, com uma mistura de orgulho e medo, que uma nova e maior natureza despertou dentro de si. Poucos são os que não conseguem recordar esse dia ou o pequeno incidente que anuncia o amanhecer de uma nova vida. No caso de Lucy Ferrier, a ocasião foi suficientemente séria e teceu influência futura sobre seu destino e o de muitos outros.

Era uma manhã quente de junho, e os Santos dos Últimos Dias estavam tão ocupados quanto as abelhas cuja colmeia eles escolheram para seu emblema. Nos campos e nas ruas surgiu o mesmo zumbido da indústria humana. Nas estradas altas empoeiradas, longas fileiras de mulas pesadamente carregadas, todas indo para o oeste, pois a febre do ouro havia surgido na Califórnia, e a Rota Overland atravessava a Cidade dos Eleitos. Também havia ali rebanhos de ovelhas e bois vindos das terras de pastagens remotas e comboios de imigrantes cansados, homens e cavalos igualmente cansados da sua interminável viagem. Através de todo este conjunto heterogêneo, percorrendo o seu caminho com a habilidade de um cavaleiro talentoso, galopava Lucy Ferrier, com seu belo rosto e os longos cabelos castanhos flutuando atrás dela. Ela tinha um recado do pai para a Cidade, e chegava deslumbrando a todos, como havia feito muitas vezes antes, com todo o destemor da juventude, pensando apenas em sua tarefa e como ela deveria ser executada.

Os aventureiros com marcas de viagem olhavam para ela com espanto, e até mesmo os índios, sem emoção, viajando com suas peles, relaxavam seu estoicismo de costume enquanto se maravilhavam com a beleza da donzela de cara pálida.

Ela tinha chegado aos arredores da cidade quando encontrou a estrada bloqueada por um grande rebanho de gado, conduzido por meia dúzia de pastores selvagens das planícies. Impaciente, ela tentou ultrapassar esse obstáculo levando seu cavalo na direção do que parecia ser uma fresta. Ela mal havia se posicionado na fresta, no entanto, quando as bestas se fecharam a sua volta e ela se viu completamente presa no fluxo de novilhos de olhos ferozes e chifres compridos.

Acostumada a lidar com o gado, não ficou alarmada com a sua situação, mas aproveitou todas as oportunidades para impulsionar o seu cavalo na esperança de avançar na cavalgada. Infelizmente os chifres de uma das criaturas, seja por acidente ou por destino, entraram em contato violento com a pele do cavalo, e o levaram à loucura. Num instante, ele se levantou sobre as patas traseiras com raiva, e saltou de uma forma que teria derrubado qualquer um exceto um cavaleiro muito habilidoso. A situação estava cheia de perigos. Cada mergulho do excitado cavalo o levava contra os chifres novamente, e mais nervoso e agitado ele ficava.

Tudo o que a menina podia fazer era se manter na sela, pois um deslize significaria uma morte terrível debaixo dos cascos de animais pesados e aterrorizados. Não acostumada a emergências repentinas, sua cabeça começou a entrar em espiral, e ela começava a afrouxar a mão na sela. Asfixiada pela nuvem crescente de poeira e pelo vapor das criaturas em luta, ela poderia ter abandonado seus esforços em desespero, mas uma voz bondosa em seu ouvido a ajudou. Ao mesmo tempo, uma mão morena e sinuosa pegou o cavalo assustado pelas rédeas e, forçando um caminho através dos animais, logo a trouxe para segurança.

— Espero que não esteja machucada, senhorita — disse o seu salvador respeitosamente.

Ela olhou para a cara negra e feroz dele e riu.

— Estou terrivelmente assustada — falou ela, ingenuamente. — Quem podia pensar que o Poncho ficaria tão assustado com um monte de vacas?

— Graças a Deus você conseguiu se manter no lugar — disse ele sério.

Era um jovem alto, de aparência selvagem, montado num poderoso cavalo selvagem e vestido como um caçador, com um longo fuzil pendurado sobre seus ombros.

— Acho que você é a filha de John Ferrier — comentou ele. — Eu a vi cavalgando da casa dele. Quando você o vir, pergunte se ele se lembra de Jefferson Hope de St. Louis. Se ele for o mesmo Ferrier, o meu pai e ele eram muito próximos.

— Não é melhor você vir e perguntar você mesmo? — indagou ela, modestamente.

O jovem pareceu satisfeito com a sugestão, e os olhos escuros brilharam de prazer.

— Farei isso — afirmou ele. — Nós estamos nas montanhas há dois meses, e não estamos exatamente em condições de visitar ninguém. Mas ele deve aceitar as coisas como são.

— Ele tem muito que agradecer e eu também — respondeu ela. — Ele tem muito carinho por mim. Se aquelas vacas tivessem me pisoteado, ele nunca ia superar.

— Nem eu — disse o rapaz.

— Você?! Bem, não acho que faria muita diferença para você, de qualquer maneira. Nem sequer é nosso amigo.

A expressão do jovem caçador ficou tão sombria com essa observação que Lucy Ferrier riu em voz alta.

— Está bem, não quis dizer isso — disse ela. — Claro que você é um amigo agora. Tem de nos visitar. Agora preciso de ir andando, ou o meu pai não me confia mais os negócios dele. Adeus!

— Adeus — respondeu ele, levantando o seu *sombrero* largo e se curvando diante da mãozinha dela.

Ela montou no seu cavalo, golpeou-o com o chicote e cavalgou pela estrada larga numa nuvem de poeira.

O jovem Jefferson Hope continuou cavalgando com os seus companheiros, sombrio e taciturno. Eles haviam estado entre as montanhas Nevada em busca de prata, e agora estavam voltando para a cidade de Salt Lake na esperança de angariar capital suficiente para trabalhar em algumas jazidas que tinham descoberto. Ele havia sido tão perspicaz quanto qualquer um deles nos assuntos, até que esse súbito incidente havia levado os seus pensamentos para outro lugar. A visão da bela jovem mulher, tão franca e saudável como a brisa da Sierra, tinha agitado o seu coração vulcânico, indomado, até às suas profundezas.

Quando ela desapareceu de sua vista, ele percebeu que uma crise tinha chegado em sua vida, e que nem as especulações de prata nem qualquer outra pergunta poderia ser tão importante para ele como esta nova. O amor que tinha surgido em seu coração não era a fantasia súbita e mutável de um menino, mas sim a paixão selvagem e feroz de um homem de vontade forte e temperamento imperioso. Ele estava acostumado a ter sucesso em tudo o que empreendia. Ele jurou em seu coração que não falharia nisso se o esforço humano e a perseverança humana pudessem torná-lo bem-sucedido.

Ele apareceu na fazenda de John Ferrier naquela noite e, muitas outras vezes, até que o seu rosto fosse familiar na casa da fazenda.

John, preso no vale e absorvido no seu trabalho, tinha tido poucas chances de saber das notícias do mundo exterior durante os últimos doze anos. E Jefferson Hope foi capaz de lhe contar todas elas num estilo que interessava tanto à Lucy quanto ao seu pai. Ele tinha sido um pioneiro na Califórnia e podia narrar muitas histórias estranhas de fortunas feitas e fortunas perdidas naqueles dias selvagens do passado. Ele também tinha sido um batedor, um caçador, um explorador de prata e um fazendeiro.

Onde quer que as aventuras emocionantes fossem acontecer, Jefferson Hope estaria lá em busca delas. Ele logo se tornou o favorito do velho fazendeiro, que falava eloquentemente de suas virtudes.

Nessas ocasiões, Lucy ficava em silêncio, mas a sua bochecha corada e os seus olhos brilhantes e felizes mostravam claramente que o seu jovem coração já não era só seu. O pai pode não ter observado esses sintomas, mas eles não passavam despercebidos pelo homem que havia conquistado os seus afetos.

Era uma noite de verão quando ele veio galopando pela estrada e parou no portão. Ela estava na porta e desceu para encontrar com ele. Ele atirou as rédeas sobre a cerca e veio na direção dela pelo pátio.

— Preciso cair fora, Lucy — disse ele, pegando suas mãos nas dele, e olhando ternamente para o rosto dela. — Não vou pedir para vir comigo, mas você vai estar pronta para ir quando eu voltar?

— E quando é isso? — perguntou ela, corada e rindo.

— No máximo uns dois meses. Então volto e peço a sua mão, minha querida. Não há ninguém que possa ficar entre nós.

— E quanto ao meu pai? — perguntou ela.

— Ele deu o seu consentimento, desde que as minas funcionem bem. Não tenho medo dele.

— Oh, bem, é claro, se você e meu pai organizaram tudo, não há mais nada a dizer — sussurrou ela, com o rosto contra o peito largo dele.

— Graças a Deus! — gritou ele, rouco, e se inclinou para beijá-la.

— Está resolvido, então. Quanto mais tempo eu ficar, mais difícil será partir. Estão me esperando. Adeus, minha querida. Adeus. Dentro de dois meses nos veremos novamente.

Ele se afastou dela enquanto falava e, se atirando sobre o cavalo, galopou furiosamente para longe, nunca olhando para trás, como se tivesse medo que sua resolução pudesse falhar se ele desse uma olhadela no que estava deixando para trás. Ela ficou no portão, olhando para ele até que desapareceu da sua vista. Depois voltou para casa, a menina mais feliz de Utah.

CAPÍTULO III

JOHN FERRIER FALA COM O PROFETA

Três semanas haviam se passado desde que Jefferson Hope e seus camaradas tinham partido da cidade de Salt Lake. O coração de John Ferrier pesava ao pensar que o retorno do jovem significava a perda iminente de sua filha adotiva. No entanto, o rosto brilhante e feliz da jovem o convenceu de que ele estava fazendo a coisa certa mais que qualquer contestação que ele pudesse considerar. Ele sempre havia determinado, no fundo de seu coração resoluto, que nada jamais o induziria a permitir que a sua filha se casasse com um mórmon. Ele não consideraria tal acontecimento como um casamento, mas como uma vergonha e uma desgraça. O que quer que ele pensasse sobre as doutrinas mórmons, nesse ponto específico ele era inflexível. Teve de selar a boca sobre o assunto, no entanto, porque expressar uma opinião pouco ortodoxa era um assunto perigoso naqueles dias na Terra dos Santos.

Sim, um assunto perigoso — tão perigoso que até os mais santos ousavam apenas sussurrar as suas opiniões religiosas para evitar que algo que caísse de seus lábios fosse mal interpretado, e para que não houvesse uma rápida retaliação contra eles. As vítimas de perseguição tinham virado perseguidores por conta própria, e perseguidores da mais terrível espécie. Nem a Inquisição de Sevilha, nem o Vehmgericht alemão, nem as Sociedades Secretas de Itália conseguiram pôr em movimento uma máquina mais formidável do que aquela que lançava uma nuvem sobre o estado de Utah.

A sua invisibilidade e o mistério a qual estava ligada tornavam essa organização duplamente terrível. Parecia ser onisciente e onipotente, mas não era vista nem ouvida. Um homem que se opôs à Igreja desapareceu e ninguém sabia para onde tinha ido ou o que tinha acontecido a ele. A sua mulher e os seus filhos o esperaram em casa, mas nunca mais nenhum pai voltou para contar como havia enfrentado as mãos dos seus juízes secretos. Uma palavra imprudente ou um ato precipitado era seguido por aniquilação, e ainda assim ninguém sabia qual poderia ser a natureza deste terrível poder que fora suspenso sobre eles. Não admira que os homens andassem em temor e tremor, e que até no coração do deserto não ousassem sussurrar as dúvidas que os oprimiam.

No início, este vago e terrível poder era exercido apenas sobre os recalcitrantes que, tendo abraçado a fé mórmon, quiseram depois perverter ou abandoná-la. No entanto, em breve, foi necessário um alcance maior. A oferta de mulheres adultas estava escassa, e a poligamia sem uma população feminina era uma doutrina estéril. Rumores estranhos começaram a ser espalhados — rumores de imigrantes assassinados e acampamentos com espingardas em regiões onde os índios nunca haviam sido vistos. Mulheres novas apareceram nos haréns dos anciãos — mulheres que choravam e traziam em seus rostos os traços de um horror inextinguível. Os vagabundos sobre as montanhas falavam de gangues de homens armados, mascarados, furtivos e silenciosos, que fluíam por eles na escuridão.

Esses contos e rumores ganharam substância e forma, e foram corroborados e recorroborados, até tomarem um nome definido. Até hoje, nas fazendas solitárias do Oeste, o nome da Banda Danita, ou dos Anjos Vingadores, é sinistro e mal-intencionado.

Quanto mais conhecimento da organização se tinha, maior era o horror que ela inspirava nas mentes dos homens. Ninguém sabia quem pertencia a esta sociedade impiedosa. Os nomes dos participantes dos atos de sangue e violência praticados sob o nome de religião eram mantidos profundamente secretos. O mesmo amigo a quem você poderia contar as suas dúvidas quanto ao Profeta e sua missão, poderia ser um daqueles que viriam à noite, com fogo e espada para exigir uma terrível reparação. Por isso, cada um temia ao próximo e ninguém falava das coisas mais profundas ao coração.

Uma bela manhã, John Ferrier estava prestes a partir para seus campos de trigo quando ouviu o clique do trinco e, olhando pela janela, viu um homem robusto, de cabelo arenoso, de meia-idade, subindo pelo caminho. Seu coração pulou para a boca, pois este não era outro senão o próprio grande Brigham Young. Apreensivo — pois sabia que tal visita só poderia lhe trazer infortúnios —, correu para a porta para cumprimentar o chefe mórmon. Este último, porém, recebeu suas saudações friamente e o seguiu com uma expressão severa até a sala de estar.

— Irmão Ferrier — disse ele, sentando e encarando duramente o fazendeiro por debaixo de seus cílios claros. — Os verdadeiros crentes têm sido bons amigos para você. Nós o resgatamos quando você estava morrendo de fome no deserto, compartilhamos nossa comida com você, o trouxemos a salvo para o Vale Escolhido, lhe demos uma boa parte da terra, e isso lhe permitiu enriquecer sob a nossa proteção. Não é verdade?

— É verdade — respondeu John Ferrier.

— Em troca de tudo isso, pedimos apenas uma condição. Isto é, que vocês abraçassem a verdadeira fé e se conformassem em todos os sentidos aos seus usos. Foi isso que você prometeu fazer e, se estou bem informado, foi isso que você negligenciou.

— Mas como que negligenciei? — perguntou Ferrier, levantando as mãos exasperado. — Não doei ao fundo comum de investimento? Não fui ao Templo? Não tenho…?

— Onde estão as suas mulheres? — perguntou Young, olhando em volta dele. — Chame por elas para que eu possa cumprimentá-las.

— É verdade que não me casei — respondeu Ferrier. — Mas há poucas as mulheres, e muitos homens tinham mais direito do que eu. Eu não era um homem solitário, tinha a minha filha comigo.

— É sobre essa filha que quero conversar — disse o líder dos mórmons. — Ela cresceu e se tornou a flor de Utah, há muitos olhos nela desde as camadas mais altas da cidade.

John Ferrier rosnou internamente.

— Há histórias dela em que eu não acredito, histórias de que ela estaria prometida a algum gentalha. Deve ser fofoca de línguas ociosas. Qual é a décima terceira regra do código do santo Joseph Smith? Que toda donzela da verdadeira fé se case com um dos eleitos, porque, se ela se casar com alguém comum, está cometendo um pecado grave. Assim sendo, é impossível que você, que professa o santo credo, permitiria que sua filha o violasse.

John Ferrier não respondeu, mas brincava nervosamente com o seu chicote de cavalgada.

— Toda a sua fé será testada por este ponto, isso foi decidido no Sagrado Conselho dos Quatro. A menina é jovem, e não a casaríamos com alguém de cabelo branco, nem a privaríamos de fazer uma escolha. Nós, anciãos, temos muitas esposas, mas os nossos filhos também devem ser providos.[1] Stangerson tem um filho, e Drebber tem um filho, e qualquer um deles gostaria de se casar com a sua filha. Ela pode, então, escolher entre eles dois. São jovens e ricos, e da verdadeira fé. O que tem a dizer sobre isso?

Ferrier ficou em silêncio durante algum tempo com as sobrancelhas franzidas.

— Você vai nos dar um tempo? A minha filha é muito jovem, ela mal tem idade para se casar.

---

1. Heber C. Kemball, num dos seus sermões, alude às suas cem esposas sob este simpático epíteto.

— Ela terá um mês para escolher — avisou Young, se levantando. — No final desse tempo, ela dará a sua resposta.

Ele estava passando pela porta quando se virou, com rosto ruborizado e olhos brilhantes.

— Teria sido melhor, John Ferrier — trovejou ele —, que você e ela fossem esqueletos brancos brilhando sobre a Sierra Blanco, do que você colocar as suas fracas vontades contra as ordens dos Quatro Santos!

Com um gesto ameaçador de mão, ele se virou da porta, e Ferrier ouviu seu passo pesado rangendo ao longo do caminho.

Ele ainda estava sentado com os cotovelos sobre os joelhos, considerando como ele deveria abordar a questão com a sua filha, quando uma mão macia foi colocada sobre ele, e, olhando para cima, ele a viu de pé ao lado dele. Um olhar para o seu rosto pálido e assustado lhe mostrou que tinha ouvido o que tinha acontecido.

— Não pude evitar — disse ela, em resposta ao seu olhar. — A sua voz ecoou pela casa. Oh, pai, o que vamos fazer?

— Não tenha medo — respondeu, puxando-a para perto de si e usando sua mão larga e áspera para acariciar seu cabelo castanho. — Vamos consertar as coisas de uma forma ou de outra. Tem certeza de que seus sentimentos por aquele jovem não vão diminuir?

Um soluço e um aperto da mão do pai foram sua única resposta.

— Não, claro que não. E nem gostaria de ouvi-la dizer isso. Ele é um rapaz louvável, e é cristão, que é mais do que se pode dizer dessas pessoas aqui, apesar de todas as suas orações e pregações. Há uma caravana partindo para Nevada amanhã, vou conseguir enviar uma mensagem a ele para contar da enrascada em que estamos. Se sei alguma coisa sobre esse jovem, ele vai voltar para cá com uma velocidade que deixaria para trás um telegrama.

Lucy riu por entre as lágrimas da descrição do pai.

— Quando ele chegar, vai nos aconselhar sobre o melhor a fazer. Mas é por você que estou com medo, pai. Se ouve... se ouve histórias tão terríveis sobre aqueles que se opõem ao Profeta: algo terrível sempre acontece.

— Mas ainda não nos opusemos a ele — respondeu o pai dela. — Precisaremos nos preocupar com as nossas defesas só quando o fizermos. Temos um mês de calma à nossa frente. No final, acho que é melhor corrermos rápido para longe de Utah.

— Deixar Utah?

— É mais ou menos isso.

— Mas e a fazenda?

— Vamos angariar o máximo que pudermos em dinheiro, e abandonar o resto. Para dizer a verdade, Lucy, não é a primeira vez que penso em fazer isso. Não gosto de estar subjugado a nenhum homem como estas pessoas são ao seu maldito profeta. Sou americano e nasci livre, e isso é tudo novo para mim. Acho que sou velho demais para aprender. Se ele vier bisbilhotar pela fazenda, vai enfrentar uma saraivada de tiros na sua direção.

— Mas eles não vão nos deixar partir.

— Espere até Jefferson chegar e em breve conseguiremos. Entretanto, não se preocupe, minha querida, e não fique com os olhos inchados, senão ele vai me culpar quando a vir. Não há nada a temer, e não há perigo nenhum.

John Ferrier proferiu essas observações consoladoras em um tom muito confiante, mas ela não pôde deixar de observar que ele teve um cuidado inusitado com o fechamento das portas naquela noite, e que limpou e carregou com cuidado a velha espingarda enferrujada que costumava ficar pendurada na parede do seu quarto.

CAPÍTULO IV

UM VOO PARA A VIDA TODA

Na manhã seguinte a sua entrevista com o Profeta Mórmon, John Ferrier foi a cidade de Salt Lake e, tendo encontrado um conhecido seu que estava rumo às montanhas de Nevada, lhe confiou uma mensagem para Jefferson Hope. Nela ele falou ao jovem do perigo iminente que os ameaçava e como era necessário que ele voltasse. Tendo feito isso, sentiu a mente relaxar e voltou para casa com um coração mais leve.

Ao se aproximar de sua fazenda, ficou surpreso ao ver um cavalo atrelado a cada um dos postes do portão. Ficou ainda mais surpreso ao entrar em casa e encontrar dois jovens em sua sala de estar. Um deles, com um rosto longo e pálido, estava inclinado para trás na cadeira de balanço com os pés apoiados na lareira. O outro, um jovem de pescoço grosso com traços grosseiramente inchados, estava de pé em frente à janela com as mãos no bolso, assobiando um hino popular.

Ambos acenaram para Ferrier quando ele entrou e o da cadeira de balanço começou a conversa.

— Talvez você não nos conheça — disse ele. — Este é o filho de Élder Drebber, e sou Joseph Stangerson, que viajava com você no deserto quando o Senhor lhe estendeu a mão e o juntou ao verdadeiro rebanho.

— Assim como Ele fará com todas as nações em Seu próprio tempo — disse o outro com voz nasal. — Ele mói lentamente, mas em pedaços bem pequenos.

John Ferrier se curvou em cumprimento friamente. Ele tinha adivinhado quem eram os seus visitantes.

— Nós viemos seguindo o conselho dos nossos pais — continuou Stangerson — para solicitar a mão de sua filha a qualquer um de nós dois que vocês preferirem. Como tenho apenas quatro esposas e o irmão Drebber tem sete, me parece que a minha reivindicação é a mais forte.

— Não, não, irmão Stangerson — gritou o outro. — A questão não é quantas esposas temos, mas quantas podemos manter. Meu pai acaba de me dar os seus moinhos e agora sou o homem mais rico.

— Mas as minhas perspectivas são melhores — disse o outro, calorosamente.— Quando o Senhor levar o meu pai, terei o seu pátio de bronzeamento e a sua fábrica de couro. Então serei ancião e estarei no mais alto nível na Igreja.

— A donzela vai decidir — concluiu o jovem Drebber, sorrindo para o seu próprio reflexo no vidro. — Deixaremos que ela decida.

Durante esse diálogo, John Ferrier havia ficado fumegante na entrada da casa, se esforçando para manter o chicote longe das costas dos seus dois visitantes.

— Olha aqui, quando a minha filha chamar, vocês podem vir, mas até lá, não quero ver as suas caras de novo por aqui.

Os dois jovens mórmons olharam para ele com espanto.

A seu ver, esta competição entre eles pela mão da donzela era a mais alta das honras, tanto para ela quanto para o pai.

— Há duas maneiras de sair da sala — gritou Ferrier. — Há a porta, e há a janela. Qual delas vocês vão usar?

O seu rosto vermelho parecia tão selvagem e as suas mãos tão ameaçadoras, que os visitantes saltaram sob os pés e bateram em retirada. O velho agricultor os seguiu até a porta.

— Me avisem quando tiverem resolvido o que deve ser — gritou ele, ironicamente.

— Você vai pagar por isso! — Stangerson chorava, branco de raiva.

— Você desafiou o Profeta e o Conselho dos Quatro. Vai carregar isso até ao fim dos seus dias.

— A mão do Senhor será pesada sobre você — gritou o jovem Drebber. — Ele vai se levantar e o atingir!

— Então vou começar a atingir primeiro — exclamou Ferrier furiosamente, e teria subido a escada para buscar a arma se Lucy não o tivesse agarrado pelo braço e o contido. Antes que ele pudesse escapar dela, o ruído dos cascos dos cavalos lhe indicou que os rapazes estavam fora do seu alcance.

Ele exclamou, limpando a transpiração da sua testa:

— Prefiro vê-la no túmulo, minha menina, do que a mulher de qualquer um deles.

— Eu também, pai — respondeu ela, com espírito —, mas Jefferson logo estará aqui.

— Sim. Não vai demorar muito até ele chegar. Quanto mais cedo melhor, pois não sabemos qual será o próximo passo.

Era, de fato, passada a hora de alguém capaz de dar conselhos e ajuda vir em auxílio do velho agricultor robusto e da sua filha adotiva. Em toda a história do assentamento nunca houve tal caso de desobediência à autoridade dos anciãos. Se erros menores eram punidos tão severamente, qual seria o destino deste grande rebelde? Ferrier sabia que a sua riqueza e posição não lhe serviriam de nada. Outros tão conhecidos e tão ricos quanto ele já haviam sido mandados aos céus e os seus bens entregues à Igreja. Era um homem corajoso, mas tremia de medo diante dos vagos e sombrios terrores que pairavam sobre ele. Ele enfrentaria qualquer perigo conhecido com pulsos firmes, mas o suspense era enervante. Ele, entretanto, escondia os seus medos da filha e tentava sempre enxergar a luz no fim do túnel de toda a questão, embora ela, com o olhar aguçado do amor, visse claramente que ele estava muito preocupado.

Ele esperava receber alguma mensagem ou lembrança de Young a respeito de sua conduta e não estava enganado, embora isso tenha vindo de uma maneira inesperada. Ao se levantar na manhã seguinte, ele encontrou, para sua surpresa, um pequeno quadrado de papel preso à coberta de sua cama, logo acima de seu peito. Estava impresso, em negrito, em letras garrafais...

— Vinte e nove dias estão sendo dados a você para fazer reparações, depois...

O pequeno papel foi capaz de inspirar mais medo que qualquer ameaça. Como essa advertência tinha chegado ao seu quarto intrigava John Ferrier dolorosamente, pois os seus serviçais dormiam na casa do lado de fora e as portas e janelas estavam todas fechadas. Ele amassou o papel e não disse nada à filha, mas o incidente atingiu seu coração. Os vinte e nove dias eram, evidentemente, o saldo do mês que Young havia prometido.

Que força ou coragem poderia ter contra um inimigo armado com esses poderes misteriosos? A mão que prendeu aquele papel com alfinete podia tê-lo golpeado no coração e ele nunca saberia quem o matou.

Ficou ainda mais abalado na manhã seguinte. Se sentaram para o café da manhã quando Lucy, com um grito de surpresa, apontou para cima. No centro do teto estava rabiscado, aparentemente com um pedaço de carvão, o número 28. Sua filha não sabia do que se tratava e ele não a esclareceu. Naquela noite ele se sentou com a arma e ficou de vigia. Ele não viu e não ouviu nada, mas pela manhã um grande 27 havia sido pintado do lado de fora da sua porta.

Assim, dia após dia, e tão certo quanto a manhã, ele descobria que os seus inimigos invisíveis haviam mantido registrado e marcado em alguma posição conspícua quantos dias ainda lhe restavam desse mês que lhe fora concedido. Às vezes os números fatais apareciam nas paredes, algumas vezes no chão, ocasionalmente eles estavam em pequenos cartazes colados no portão do jardim ou nas grades. Com toda a sua vigilância, John Ferrier não conseguiu descobrir de onde estes avisos diários vinham. Um horror que era quase supersticioso se abatia sobre ele ao vê-los. Ele ficou exausto e inquieto, e os seus olhos tinham o olhar perturbado de uma criatura caçada. Ele só tinha uma esperança de vida agora, e era a chegada do jovem caçador de Nevada.

Vinte tinham mudado para quinze e quinze para dez, mas não havia notícias do dito cujo. Um a um os números diminuíram, e ainda assim não houve sinal dele. Sempre que um cavaleiro gritava na estrada, ou um motorista gritava com sua equipe, o velho fazendeiro corria para o portão pensando que a sua ajuda tinha finalmente chegado.

Mas, quando ele viu cinco dar lugar a quatro e depois a três, abandonou toda a esperança de escapar. Sozinho, e com o seu limitado conhecimento das montanhas que rodeavam a colônia, ele sabia que era impotente. As estradas mais frequentadas eram estritamente vigiadas e guardadas, e ninguém podia passar por elas sem uma ordem do Conselho. Não importava para onde olhasse, não parecia haver como evitar o golpe que pairava sobre ele. No entanto, o velho homem nunca desistiu do seu plano de partir ele mesmo dessa vida antes de consentir com aquilo que considerava a desonra da sua filha.

Ele estava sentado sozinho uma noite, ponderando profundamente sobre seus problemas, e procurando em vão alguma saída para eles.

Naquela manhã o número 2 havia aparecido na parede de sua casa, e o dia seguinte seria o último do tempo previsto. O que iria acontecer então? Todo o tipo de fantasias vagas e terríveis enchiam a sua imaginação. E a filha dele, o que seria dela depois de ele ter ido embora? Não havia fuga dessa rede invisível que tinha sido desenhada à volta deles. Ele afundou a cabeça sobre a mesa e chorou ao pensar na sua própria impotência.

O que foi aquilo? No silêncio ele ouviu um som suave de arranhar — baixo, mas muito distinto no silêncio da noite.

Vinha da porta da casa. Ferrier entrou no corredor e ouviu atentamente. Houve uma pausa por alguns momentos, e então o som baixo e insidioso foi repetido. Alguém estava evidentemente batendo muito suavemente num dos painéis da porta. Era algum assassino da meia-noite que vinha cumprir as ordens assassinas do tribunal secreto? Ou algum agente que estava marcando que o último dia de graça tinha chegado. John Ferrier sentiu que a morte instantânea seria melhor do que o suspense que lhe abalava os nervos e arrefecia o coração. Ele puxou a maçaneta e, com força, escancarou a porta.

Lá fora estava tudo calmo e sereno. A noite estava boa, e as estrelas brilhavam intensamente. A pequena frente do jardim estava diante dos olhos do lavrador, delimitada pela cerca e pelo portão, mas nem ali nem no caminho se via nenhum ser humano. Com um suspiro de alívio, Ferrier olhou para a direita e para a esquerda, até por acaso olhar diretamente para a altura dos seus pés e ver, para seu espanto, um homem deitado com o rosto, os braços e as pernas todos estirados no chão.

Ficou tão nervoso com a imagem que via, que se encostou à parede com a mão na garganta para abafar a sua vontade de gritar. O seu primeiro pensamento foi que a figura prostrada era de algum ferido ou moribundo, mas enquanto o observava, o viu deslizar pelo chão até o corredor com a rapidez e o barulho de uma serpente. Uma vez dentro da casa, o homem ficou de pé, fechou a porta e revelou ao fazendeiro atônito o rosto feroz e a expressão resoluta de Jefferson Hope.

— Meu Deus! — ofegou John Ferrier. — Você me assustou! O que o fez entrar assim?

— Me dê comida — disse o outro, rouco. — Não tive tempo de comer durante quarenta e oito horas.

Ele se atirou sobre a carne fria e o pão que ainda estavam na mesa da ceia do seu anfitrião, e as devorou vorazmente.

— Lucy está bem? — perguntou ele, quando tinha satisfeito a sua fome.

— Sim. Ela não sabe o tamanho do perigo — respondeu o pai.

— Está bem. A casa está sendo vigiada por todos os lados. Foi por isso que rastejei até aqui. Podem ser muito afiados, mas não são afiados o suficiente para apanhar um caçador Washoe.

John Ferrier se sentia um homem diferente agora que percebeu que tinha um aliado dedicado. Ele agarrou a mão do jovem e a apertou cordialmente.

— Você é um homem para se ter orgulho — constatou. — Não há

muitos que teriam vindo partilhar o nosso perigo e os nossos problemas.

— Espere aí um pouco, parceiro — respondeu o jovem caçador. — Tenho respeito por você, mas, se estivesse sozinho neste negócio, eu pensaria duas vezes antes de pôr a cabeça num ninho de vespas. Lucy que me trouxe aqui, e antes que qualquer mal recaia sobre ela, haverá menos um Hope na família de Utah.

— O que devemos fazer?

— Amanhã é o último dia e, se não agirmos assim à noite, está tudo perdido. Tenho uma mula e dois cavalos à espera na Ravina Eagle. Quanto dinheiro você tem?

— Dois mil dólares em ouro e cinco em notas.

— Isso serve. Tenho quase a mesma quantia a acrescentar. Temos que ir em direção a cidade de Carson pelas montanhas. É melhor acordar Lucy. Também é bom que os criados não durmam em casa.

Enquanto Ferrier estava ausente, preparando sua filha para a viagem que se aproximava, Jefferson Hope empacotou todos os comestíveis que conseguiu encontrar em um pequeno pacote e encheu uma garrafa com água, porque sabia por experiência própria que os poços da montanha eram poucos e distantes entre si. Ele mal havia completado seus preparativos quando o fazendeiro voltou com a filha toda vestida e pronta para embarcar. A saudação entre os amantes foi calorosa, mas breve, pois os minutos eram preciosos e havia muito a fazer.

— Devemos partir imediatamente — disse Jefferson Hope, falando em voz baixa e resoluta como a de alguém que percebeu a grandeza do perigo, mas cujo coração está decidido a enfrentar a batalha. — As entradas da frente e de trás são vigiadas, mas, com cuidado, podemos fugir pela janela lateral e pelos campos. Uma vez na estrada, estamos a apenas três quilômetros da ravina onde os cavalos estão à espera. Ao amanhecer devemos estar a meio caminho das montanhas.

— E se formos detidos? — perguntou Ferrier.

Hope bateu na ponta do revólver que se projetava da frente de sua túnica.

— Se forem homens demais para nós, pelo menos levaremos dois ou três deles conosco — disse com um sorriso sinistro.

As luzes no interior da casa se apagaram, e da janela escura Ferrier olhou sobre os campos que eram seus e que ele agora estava prestes a abandonar para sempre. Havia muito que ele vinha ansioso por causa desse sacrifício. No entanto, o pensamento da honra e felicidade da sua filha superavam qualquer arrependimento pela sua fortuna arruinada. Tudo parecia tão pacífico e feliz, as árvores assobiando e o amplo e silencioso trecho de terra de grãos, que era difícil perceber que o espírito do assassinato espreitava por ali. Ainda assim, o branco rosto e a expressão do jovem caçador mostravam que em sua aproximação à casa ele tinha visto o suficiente para satisfazê-lo sobre aquilo.

Ferrier carregava o saco de ouro e notas, Jefferson Hope levava as escassas provisões e a água, enquanto Lucy tinha um pequeno feixe contendo alguns de seus bens mais valiosos.

Abrindo a janela muito lenta e cuidadosamente, eles esperaram até que uma nuvem escura tivesse obscurecido ainda mais a noite, e então um por um passaram pelo pequeno jardim. Com a respiração suspensa e os corpos agachadas, tropeçaram pelo jardim e acharam abrigo na sebe, a qual contornaram até chegarem ao vão que se abria para os campos de milho. Tinham acabado de chegar a este ponto quando o jovem caçador agarrou os seus dois companheiros e os arrastou para a sombra, onde se calaram e tremeram.

Foi muito bem-vindo que o treino na pradaria tivesse dado a Jefferson Hope a audição de um lince. Ele e os seus amigos mal tinham se agachado quando o melancólico pio de uma coruja da montanha foi ouvida a poucos metros deles e imediatamente respondido por outro pio a uma pequena distância. Ao mesmo tempo, uma figura vaga e sombria emergiu da lacuna para a qual eles estavam olhando e proferiu o sinal queixoso novamente, então um segundo homem apareceu da obscuridade.

— Amanhã à meia-noite — disse o primeiro que parecia ser a autoridade. — Quando a coruja cantar três vezes.

— Está bem — respondeu o outro. — Devo informar o irmão Drebber?

— Sim. E dele passe para os outros. Nove a sete.

— Sete a cinco! — repetiu o outro, e as duas figuras foram embora em direções diferentes. As suas palavras finais foram, evidentemente, uma forma de sinal e contrassinal. No instante em que os seus passos não eram mais audíveis à distância, Jefferson Hope saltou sob os pés e, ajudando os seus companheiros, liderou o caminho através dos campos no topo de sua velocidade, apoiando e carregando a menina quando a sua força parecia falhar.

— Depressa! Depressa! Depressa! — Ele suspirava de vez em quando. — Estamos no meio da linha de sentinelas. Tudo depende da velocidade. Se apressem!

Uma vez na estrada alta, eles fizeram progressos rápidos. Só uma vez encontraram alguém, e então conseguiram deslizar em um campo, e assim evitar o reconhecimento. Antes de chegar à cidade, o caçador ramificou-se num caminho esburacado e estreito que levou às montanhas. Dois picos escuros e irregulares pairavam na escuridão, e entre eles, estava o caminho que os conduziria à Ravina Eagle, no qual os cavalos os aguardavam. Com um instinto infalível, Jefferson Hope escolheu o caminho entre as grandes rochas e ao longo de um curso de água seco, até chegar ao canto rodeado de pedras onde os animais fiéis tinham sido deixados. A menina foi colocada sobre a mula, e o velho Ferrier sobre um dos cavalos, com o seu saco de dinheiro, enquanto Jefferson Hope conduziu o outro pelo caminho precipitado e perigoso.

Era uma rota desconcertante para quem não estava acostumado a enfrentar a natureza nos seus humores mais selvagens. De um lado um grande penhasco se elevava a mil ou mais metros de altura, negro, austero e ameaçador, com longas colunas basálticas sobre sua superfície rugosa como as costelas de um monstro petrificado. Do outro lado, um caos selvagem de pedras e detritos tornava o avanço impossível. Entre os dois, corria uma trilha irregular, tão estreita em alguns lugares que tiveram que viajar em fila indiana, e tão áspera que só os cavaleiros treinados poderiam tê-la percorrido. No entanto, apesar de todos os perigos e dificuldades, os corações dos fugitivos eram leves dentro deles, pois cada passo aumentava a distância entre eles e o terrível despotismo do qual fugiam.

Eles logo tiveram uma prova de que ainda estavam sob a jurisdição dos santos. Tinham chegado à parte mais selvagem e desolada do desfiladeiro quando a menina chorou assustada e apontou para cima. Sobre uma rocha que se debruçava nos trilhos, sob a escuridão e na planície contra o céu, estava uma sentinela solitária. Ele os viu assim que eles o perceberam, e o questionamento militar "Quem está aí?" soou através da ravina silenciosa.

— Viajantes para Nevada — disse Jefferson Hope, com a mão na espingarda que pendia pela sela.

Eles podiam ver o observador solitário apontando sua arma e olhando para eles como se estivesse insatisfeito com sua resposta.

— Com a permissão de quem? — perguntou ele.

— Dos Quatro Santos — respondeu Ferrier. Suas experiências mórmons lhe ensinaram que essa era a mais alta autoridade à qual ele podia se referir.

— Nove a sete — gritou a sentinela.

— Sete a cinco — retrucou Jefferson Hope, se lembrando do contrassinal que tinha ouvido no jardim.

— Passe, e que o Senhor esteja contigo — disse a voz de cima. Além de seu posto, o caminho se alargou, e os cavalos foram capazes de avançar em trote. Olhando para trás, podiam ver o observador solitário apoiado na sua arma, e sabiam que tinham passado pelo posto mais afastado do povo escolhido e que a liberdade estava diante deles.

CAPÍTULO V
OS ANJOS VINGADORES

Durante toda a noite o percurso passou por intrincados desfiladeiros e por caminhos irregulares e estreitos em rocha. Mais de uma vez eles perderam o caminho, mas o conhecimento íntimo de Hope das montanhas permitia a eles recuperar a trilha. Quando amanheceu, uma cena de beleza tremenda, embora selvagem, estava diante deles. Em todas as direções, os grandes picos cobertos de neve os cercavam, espreitando sobre os ombros uns dos outros até ao extremo horizonte. Os bancos rochosos eram tão íngremes de ambos os lados que os pinheiros pareciam estar suspensos sobre as suas cabeças, e propensos a cair sobre eles com apenas uma rajada de vento. Nem o medo era inteiramente uma ilusão, pois o vale estéril estava densamente coberto de árvores e pedras que haviam caído de modo semelhante. Enquanto passavam, uma grande rocha deslizou para baixo trovejando como um guizo rouco e despertando o eco nos desfiladeiros silenciosos. Os cavalos, cansados, tomaram tamanho susto que partiram em galope.

À medida que o sol se elevava lentamente acima do horizonte

oriental, os cumes das grandes montanhas se iluminavam um após o outro, como lâmpadas em um festival, até estarem todos vermelhos e brilhantes. O magnífico espetáculo animou os corações dos três fugitivos e deu a eles uma energia fresca. Em uma torrente selvagem que vinha de uma ravina, eles fizeram uma parada e deram água aos cavalos, enquanto tomavam um café da manhã apressado. Lucy e seu pai teriam descansado mais, mas Jefferson Hope era irredutível.

— Eles estarão nos procurando a esta hora — disse ele. — Tudo depende da nossa velocidade. Uma vez seguros em Carson, podemos descansar pelo resto das nossas vidas.

Durante todo aquele dia lutaram ao longo dos desfiladeiros, e à tarde calcularam que estavam a mais de trinta quilômetros de distância dos seus inimigos. À noite, eles escolheram a base de um monte, onde as rochas ofereciam alguma proteção contra o vento frio, e ali amontoados para se aquecerem, eles desfrutaram de algumas horas de sono. Antes de amanhecer, porém, estavam de pé e caminhando mais uma vez. Eles não tinham visto sinais de nenhum perseguidor, e Jefferson Hope começou a pensar que estavam razoavelmente fora do alcance da terrível organização cuja inimizade haviam conquistado. Mal sabia ele até onde poderia chegar aquela garra de ferro, ou quão cedo ela iria se fechar sobre eles e esmagá-los.

Por volta do meio do segundo dia de fuga, a escassa reserva de comida começou a se esgotar. Isto causava ao caçador pouco desconforto, já que havia a opção da caça e muitas vezes ele teve de depender da sua espingarda para as necessidades da vida. Escolhendo um recanto abrigado, ele amontoou alguns ramos secos e fez um fogo ardente no qual os seus companheiros poderiam se aquecer, pois eles estavam agora a quase mil e quinhentos metros acima do nível do mar, e o ar estava gélido e cortante. Tendo amarrado os cavalos, deu adeus a Lucy, jogou a arma sobre o ombro e partiu em busca de qualquer coisa que o acaso colocasse em seu caminho. Olhando para trás, ele viu o velho e a jovem menina agachados sobre o fogo ardente, enquanto os três animais ficavam imóveis no fundo. Então as rochas os esconderam da sua vista.

Ele andou por alguns quilômetros através de uma ravina após outra sem sucesso, embora a partir das marcas na casca das árvores, e outras indicações, ele julgou que eram numerosos os ursos na vizinhança. Finalmente, depois de duas ou três horas de busca infrutífera, ele estava pensando em voltar decepcionado quando, ao olhar para cima, teve uma visão que atravessou uma flecha de prazer por seu coração.

Na borda de um pináculo saliente, a três ou quatro metros acima dele, havia uma criatura um tanto parecida com uma ovelha na aparência, mas armada com um par de chifres gigantescos.

O chifrudo era provavelmente o guardião de um rebanho que estava invisível ao caçador; mas felizmente ele estava indo na direção oposta, e não o tinha percebido. Deitado sobre o chão, ele repousou seu rifle sobre uma pedra e mirou longa e firmemente antes de puxar o gatilho. O animal saltou para o ar, cambaleou por um momento sobre a borda do precipício e, em seguida, caiu vale abaixo.

A criatura era muito pesada para levantar, então o caçador se contentou em cortar uma parte do bicho. Com este troféu sobre o ombro, ele se apressou para refazer os passos, pois a noite já estava se aproximando.

Mal tinha começado, no entanto, quando percebeu a dificuldade que o esperava. Na sua ânsia, ele tinha vagado para muito além das ravinas que lhe eram conhecidas, e não era fácil relembrar o caminho que ele tinha tomado.

O vale em que ele se encontrava era dividido e subdividido em muitos desfiladeiros tão parecidos entre si que era impossível distinguir um do outro. Ele seguiu um por uma milha ou mais até chegar a uma torrente montanhosa que ele tinha a certeza que nunca tinha visto antes. Convencido de que tinha tomado o caminho errado, tentou outro, mas com o mesmo resultado. A noite estava se aproximando rapidamente, e estava quase escuro quando ele finalmente se encontrou em uma trilha que lhe era familiar. Mesmo assim não era fácil manter o caminho certo, pois a lua ainda não tinha subido e as altas falésias de ambos os lados tornavam a escuridão ainda mais profunda. Com um peso extra e cansado de seus esforços, ele tropeçava pela caminho mantendo o coração batendo ao pensar que cada passo o aproximava de Lucy, e que ele estava carregando com ele o suficiente para lhes garantir comida para o resto da viagem.

Ele tinha chegado à boca do monte em que os tinha deixado. Mesmo na escuridão, ele podia reconhecer o contorno dos penhascos que o rodeavam. Eles devem, ele refletiu, estar esperando ansiosamente, pois ele estava ausente havia quase cinco horas. Com alegria no seu coração, ele levou as mãos à boca e gritou para o alto um *alô* como um sinal de que ele estava chegando. Fez uma pausa para ouvir uma resposta. Não ouviu nada senão o seu próprio grito, que ecoava pelas sombrias e silenciosas ravinas, e foi levado de volta aos seus ouvidos em incontáveis repetições. Novamente ele gritou, ainda mais alto que antes, e novamente nenhum sussurro voltou dos companheiros que ele havia deixado havia tão pouco tempo. Um medo vago e sem nome caiu sobre ele, que se apressou freneticamente, deixando cair a comida preciosa em sua agitação.

Ao virar a esquina, podia ver claramente o lugar onde o fogo havia sido aceso. Ainda havia uma pilha brilhante de cinzas de madeira lá, mas evidentemente não tinha sido reposto desde a sua partida. O mesmo silêncio morto ainda reinava por todo o lado. Com os seus medos todos transformados em convicções, ele se apressou. Não havia uma criatura viva perto dos restos do fogo; animais, homem, donzela, todos haviam partido. Era muito claro que tinha ocorrido um súbito e terrível desastre durante a sua ausência, um desastre que tinha abraçado a todos e não tinha deixado vestígios para trás.

Desnorteado e atordoado com esse golpe, Jefferson Hope sentiu sua cabeça girar e teve que se apoiar em seu fuzil para se salvar de despencar. Ele era um homem de ação e rapidamente se recuperou da sua impotência temporária. Agarrando um pedaço de madeira meio consumido do fogo ardente, ele o transformou em uma chama, e prosseguiu com sua ajuda para examinar o pequeno acampamento. O chão estava todo marcado pelas pegadas dos cavalos, mostrando que um grande grupo de homens montados tinha apanhado os fugitivos, e a direção na qual eles partiram. Os rastros provavam que tinham voltado para a cidade de Salt Lake. Eles tinham carregado de volta os dois companheiros dele com eles? Jefferson Hope tinha quase se convencido de que eles deviam ter feito isso, quando seu olhar pousou sobre um objeto que fez cada nervo de seu corpo formigar dentro dele. A uma pequena distância de um lado do acampamento havia um monte de terra avermelhada, que certamente não existia antes. Não havia como confundir aquilo com qualquer outra coisa que não fosse uma cova recém cavada. Quando o jovem caçador se aproximou, percebeu que um pedaço de madeira tinha sido plantado nela, com uma folha de papel pregada em cima. A inscrição no papel era breve, mas direta:

JOHN FERRIER,
EX-MORADOR DA CIDADE DE SALT LAKE,
Morreu em 4 de agosto de 1860

O velho robusto, a quem ele havia deixado tão pouco tempo antes, se fora, então, e esse era todo o seu epitáfio. Jefferson Hope olhou em volta para ver se havia uma segunda sepultura, mas não havia sinal de uma. Lucy tinha sido levada de volta pelos seus terríveis perseguidores para cumprir o seu destino original, se tornando parte de um dos haréns do filho do ancião. Quando o jovem percebeu a certeza de seu destino e sua própria impotência para evitá-lo, desejou que ele também estivesse deitado com o velho agricultor em seu último local de descanso silencioso.

Mais uma vez, porém, seu espírito ativo se livrou da letargia que brota do desespero. Se não lhe restava mais nada, podia pelo menos dedicar a sua vida à vingança.

Com paciência e perseverança indomáveis, Jefferson Hope possuía também uma sede de vingança que ele devia ter aprendido com os índios entre os quais tinha vivido.

Sentado ao lado do fogo desolador, sentiu que a única coisa que poderia aliviar a sua dor seria uma retribuição completa, feita pelas próprias mãos, contra os seus inimigos. Sua forte vontade e energia incansável deveriam, ele determinou, ser devotados a esse fim. Com um rosto pálido e sombrio, ele seguiu seus passos até onde tinha deixado cair a comida, e depois de reavivar o fogo ardente, cozinhou o suficiente para durar alguns dias. Empacotou tudo e, mesmo cansado como estava, se pôs a caminhar de volta pelos montes seguindo o rastro dos anjos vingadores.

Durante cinco dias, ele caminhou com os pés doloridos e cansados através dos desfiladeiros que já tinha atravessado a cavalo.

À noite, se aninhava entre as rochas e conseguia ter algumas horas de sono, mas antes do amanhecer, estava sempre de volta em seu caminho. No sexto dia, chegou à Ravina Eagle, de onde tinham começado a sua malfadada fuga. Dali ele podia olhar para baixo e ver a casa dos santos. Desgastado e exausto, se apoiou em seu fuzil e fechou os punhos ferozmente sob a silenciosa cidade espalhada abaixo de si. Quando olhou para ela, observou que havia bandeiras em algumas das ruas principais e outros sinais de festividade. Ele ainda estava especulando sobre o que isso poderia significar quando ouviu o barulho dos cascos dos cavalos, e viu um homem montado se aproximando dele. Ao se aproximar, ele o reconheceu como um mórmon chamado Cowper, a quem havia prestado serviços em momentos diferentes. Então se aproximou dele com o objetivo de descobrir qual tinha sido o destino de Lucy Ferrier.

— Eu sou Jefferson Hope — disse ele. — Você se lembra de mim?

O mórmon olhou para ele com indiscutível espanto — de fato, era difícil reconhecer neste estado esfarrapado e descuidado, com rosto pálido horripilante e olhos ferozes e selvagens, o que um dia fora um jovem caçador.

Tendo, no entanto, reconhecido a sua identidade, a surpresa do homem transformou-se em consternação.

— Você é louco de vir aqui — gritou ele. — Estou arriscando a minha própria vida se for visto falando com você. Há um mandado contra você dos Quatro Santos por ter ajudado os Ferriers a fugirem.

— Não tenho medo deles, nem do mandado deles — falou Hope, a sério. — Você deve saber algo sobre isso, Cowper. Eu peço por tudo que é mais sagrado, responda a minha pergunta. Sempre fomos amigos. Pelo amor de Deus, não se recuse a me responder.

— E qual é a pergunta? — indagou o mórmon inquieto. — Seja rápido. As rochas têm ouvido e as árvores têm olhos.

— O que aconteceu a Lucy Ferrier?

— Ela foi casada ontem com o jovem Drebber. Segure firme, amigo, espera aí, você não parece ter mais vida dentro de si.

— Não se preocupe comigo — disse Hope de forma tênue. Ele estava pálido e tinha afundado na pedra contra a qual estava apoiado. — Casada, você diz?

— Casada ontem... é por isso que há bandeiras por toda a cidade. Houve uma conversa entre o jovem Drebber e Stangerson jovem sobre quem afinal a desposaria. Os dois estavam dentre os homens que os perseguiram, e Stangerson atirou em seu pai, o que parecia dar a ele a melhor reivindicação; mas quando eles discutiram isso no conselho, o caso de Drebber era mais forte, então o Profeta a entregou a ele. Mas ninguém a terá por muito tempo, pois ontem vi a morte na face dela. Ela é mais como um fantasma do que uma mulher. Então, você vai embora?

— Sim, estou de partida — disse Jefferson Hope, que tinha se levantado de seu assento.

A cara dele parecia ter sido esculpida em mármore, enquanto os seus olhos brilhavam com uma luz terrível.

— Para onde você vai?

— Não importa. — E, jogando a arma sobre o ombro, correu pelo desfiladeiro em direção ao coração das montanhas para a assombração das feras selvagens.

Entre todas elas não havia nenhuma tão feroz e tão perigosa quanto ele próprio.

A previsão do mórmon foi muito bem cumprida. Quer tenha sido a morte terrível do seu pai ou os efeitos do casamento odioso a que tinha sido forçada, a pobre Lucy nunca mais levantou a cabeça, e definhou e morreu dentro de um mês. Seu marido interesseiro, que a tinha desposado para ser o dono das posses de John Ferrier, não parecia se importar muito com o ocorrido, mas as suas outras esposas lamentaram a sua morte e a velaram ficando com ela na noite anterior ao sepultamento, como é de costume mórmon. Elas estavam agrupadas ao redor do caixão nas primeiras horas da manhã, quando, para seu inexprimível medo e espanto, a porta se abriu e um homem selvagem, maltratado pelo tempo e com roupas esfarrapadas, entrou na sala. Sem olhar ou dirigir uma palavra para as mulheres encolhidas, ele caminhou até a figura pálida e silenciosa que um dia conteve a alma pura de Lucy Ferrier. Se inclinando sobre ela, ele pressionou seus lábios reverentemente em sua testa e depois, agarrando sua mão, tirou a aliança de seu dedo.

— Ela não será sepultada com isso! — gritou ele com um rugido feroz, e antes que o alarme pudesse ser soado, desceu as escadas e se foi.

Tão estranho e tão breve foi o episódio, que as espectadoras poderiam ter achado difícil de acreditar ou persuadir outras pessoas, se não fosse o fato inegável de que o círculo de ouro que a marcava como tendo sido uma noiva tinha desaparecido.

Por alguns meses Jefferson Hope perambulou entre as montanhas, levando uma vida selvagem estranha, e alimentando em seu coração o desejo feroz de vingança que o possuía. Contos eram contados na cidade sobre a estranha figura que era vista rondando pelos subúrbios, e que assombrava os desfiladeiros solitários das montanhas. Uma vez uma bala assobiou pela janela de Stangerson e se fincou na parede a um passo dele. Em outra ocasião, quando Drebber passou debaixo de um penhasco, uma grande rocha caiu sobre ele, e ele só escapou de uma morte terrível porque se atirou de cara no chão. Os dois jovens mórmons não demoraram muito para descobrir a razão desses atentados contra suas vidas e conduziram expedições repetidas às montanhas na esperança de capturar ou matar o inimigo, mas sempre sem sucesso. Então eles adotaram a precaução de nunca saírem sozinhos ou depois do anoitecer, e de ter as suas casas vigiadas. Depois de um tempo, foram capazes de relaxar essas medidas, pois nada foi ouvido ou visto de seu adversário, e eles esperavam que o tempo tivesse esfriado seu desejo de vingança.

Longe disso, ele tinha apenas aumentado.

A mente do caçador era de uma natureza dura e inflexível, e a ideia predominante de vingança tinha tomado posse tão completamente dela que não havia espaço para qualquer outra emoção. Ele era, acima de tudo, prático. E logo percebeu que mesmo a sua constituição de ferro não podia suportar a pressão incessante que ele estava colocando sobre ela. Estar sempre vagando e a falta de comida saudável o estavam esgotando. Se ele morresse como um cão entre as montanhas, o que seria da sua vingança então? E, no entanto, tal morte certamente o apanharia se ele persistisse. Ele sentiu que morrer seria jogar o jogo do inimigo, então relutantemente voltou para as antigas minas de Nevada, para recuperar sua saúde e acumular dinheiro suficiente para permitir que ele perseguisse seu objeto sem privação.

Sua intenção era estar ausente no máximo um ano, mas uma combinação de circunstâncias imprevistas impediu que ele deixasse as minas por quase cinco anos. No final desse tempo, porém, a memória dos seus erros e o seu desejo de vingança eram tão aguçados quanto naquela noite memorável, quando ele estava ao lado da sepultura de John Ferrier. Disfarçado, e com um nome inventado, ele retornou à cidade de Salt Lake, sem se importar com o que seria do próprio futuro, desde que obtivesse o que sabia ser justiça. Lá ele encontrou más notícias a sua espera. Um conflito havia eclodido entre o Povo Eleito alguns meses antes, e alguns dos membros mais jovens da Igreja se rebelaram contra a autoridade dos Anciãos. Como resultado, houve uma expulsão de certo número de dissidentes, que tinham abandonado Utah e a religião. Entre eles, Drebber e Stangerson, e ninguém sabia para onde tinham ido.

Rumores diziam que Drebber havia conseguido converter grande parte de sua propriedade em dinheiro e que tinha partido um homem rico, enquanto seu companheiro, Stangerson, era comparativamente pobre. No entanto, não havia nenhuma pista quanto ao seu paradeiro.

Muitos homens, por mais vingativos, teriam abandonado todo o pensamento de vingança diante de tal dificuldade, mas Jefferson Hope não desistiu por um minuto. Com o pouco de competência que possuía, exercitada nos empregos que conseguia obter, ele viajava de cidade em cidade através dos Estados Unidos em busca dos seus inimigos. Ano após ano, o seu cabelo preto ficou grisalho, mas mesmo assim ele vagou como um cão de caça humano, com a mente totalmente voltada para o único objetivo sobre o qual ele havia devotado sua vida. Finalmente, a sua perseverança foi recompensada. Foi apenas um vislumbre de um rosto em uma janela, mas aquele olhar lhe disse que em Cleveland, Ohio, estavam os homens que ele perseguia. Ele voltou para os seus alojamentos miseráveis com o seu plano de vingança todo arranjado. Por acaso, no entanto, Drebber, olhando pela sua janela, tinha reconhecido o vagabundo na rua, e lido homicídio nos seus olhos. Ele se apressou a procurar um policial e, acompanhado por Stangerson, que havia se tornado seu secretário particular, argumentou que a vida dos dois estava em perigo devido à inveja e ao ódio de um velho rival.

Nessa noite, Jefferson Hope foi detido e, não tendo conseguido fornecer certezas, ficou detido durante algumas semanas.

Quando foi libertado, foi só para descobrir que a casa de Drebber estava deserta, e que ele e seu secretário tinham partido para a Europa.

Novamente o vingador estava frustrado e novamente o seu ódio concentrado o incitava a continuar a perseguição. Seus fundos monetários estavam escassos, e por algum tempo ele teve que voltar ao trabalho, economizando cada dólar para sua jornada que se aproximava. Finalmente, tendo recolhido o suficiente para se manter, partiu para a Europa e seguiu os seus inimigos de cidade em cidade, trabalhando à sua maneira, mas nunca capturando os fugitivos. Quando chegou a São Petersburgo, eles tinham partido para Paris; e quando os seguiu, soube que tinham acabado de partir para Copenhagen. Na capital dinamarquesa, ele estava alguns dias atrasado, pois eles tinham viajado para Londres, onde ele conseguiu retornar seus corpos à terra. Quanto ao que aconteceu lá, não podemos fazer nada melhor do que citar a versão contada pelo velho caçador, que foi devidamente registrada diário do no dr. Watson, ao qual já devemos tanto.

CAPÍTULO VI

UMA CONTINUAÇÃO DAS REMINISCÊNCIAS DO DR. JOHN WATSON

A furiosa resistência do nosso prisioneiro não indicava, aparentemente, qualquer ferocidade em sua atitude contra nós, pois, ao se encontrar impotente, ele sorriu de maneira afável e expressou suas esperanças de que não tivesse ferido nenhum de nós na briga.

— Acho que vocês vão me levar até a delegacia — disse a Sherlock Holmes. — Minha carruagem está aqui na porta. Se soltarem as minhas pernas, posso andar até ela. Não sou tão leve de carregar quanto costumava ser.

Gregson e Lestrade trocaram olhares como se achassem essa proposição muito ousada, mas Holmes acreditou no prisioneiro e soltou a toalha que tínhamos amarrado em torno de suas pernas. Ele se levantou e esticou as pernas, como que para se assegurar de que estavam livres mais uma vez.

Eu me lembro que pensei, enquanto o olhava, que eu jamais tinha visto um homem mais poderoso. E seu rosto queimado de sol escuro carregava uma expressão de determinação e energia que era tão formidável quanto sua força pessoal.

— Se há uma posição vaga para um chefe da polícia, acho que você é o homem certo para ela — disse, olhando com indiscutível admiração para o meu companheiro de apartamento. — A forma como se manteve no meu rasto foi alarmante.

— É melhor vocês virem comigo — disse Holmes aos dois detetives.

— Posso levá-lo — disse Lestrade.

— Ótimo! E Gregson pode vir conosco. Você também, doutor, se interessou pelo caso e pode muito bem nos acompanhar.

Concordei de bom grado, e todos descemos juntos. Nosso prisioneiro não tentou escapar, entrou calmamente na carruagem que era dele, e nós o seguimos. Lestrade subiu na carruagem, chicoteou o cavalo, e nos levou em pouco tempo ao nosso destino. Fomos conduzidos a uma pequena câmara onde um inspetor da polícia anotou o nome do prisioneiro e os nomes dos homens de cujo homicídio ele era acusado de cometer. O funcionário era um homem sem emoção, de cara pálida, que executou suas funções de forma mecânica e sem graça.

— O prisioneiro será apresentado aos juízes no decorrer da semana — disse. — Enquanto isso, sr. Jefferson Hope, você tem algo a dizer? Devo avisá-lo de que as suas palavras serão registradas e poderão ser usadas contra você no tribunal.

— Tenho muito a dizer — respondeu o nosso prisioneiro lentamente. — Quero contar tudo aos senhores.

— Não é melhor reservar isso para o seu julgamento? — perguntou o Inspetor.

— Posso nunca ser julgado — respondeu ele. — Não precisa parecer assustado. Não estou pensando em suicídio. Você é médico?

Ele virou seus olhos pretos ferozes para mim quando fez esta última pergunta.

— Sim, sou — respondi.

— Então coloque sua mão aqui — pediu ele, com um sorriso, balançando com os pulsos amarrados em direção ao peito.

Eu o fiz, e me tornei consciente de um pulsar e comoção extraordinários que cresciam dentro de mim. As paredes do seu peito pareciam emocionar e tremer como um edifício frágil quando um motor potente é colocado para trabalhar. No silêncio da sala eu podia ouvir um zumbido aborrecido que vinha da mesma fonte.

— Ah! — gritei. — Você tem um aneurisma na aorta!

— É assim que chamam — confirmou ele, placidamente. — Fui a um médico na semana passada e ele me disse que vai necessariamente arrebentar em alguns dias. Vem piorando há anos. É consequência da exposição e má alimentação. Consegui-o com a superexposição nas Montanhas de Salt Lake. Fiz o meu trabalho agora, e não me interessa quando vou partir, mas gostaria de deixar um depoimento sobre a situação que me persegue. Não quero ser lembrado como um assassino comum.

O inspetor e os dois detetives tiveram uma discussão apressada quanto à conveniência de permitir que ele contasse a sua história.

— Você considera, doutor, que há perigo imediato? — perguntou o primeiro.

— Sem dúvida! — respondi.

— Nesse caso, é nosso dever, no interesse de justiça, obter o seu depoimento — disse o inspetor. — Está em liberdade, senhor, para dar as suas satisfações, o que, mais uma vez, eu o aviso que será registrado.

— Com a sua licença, vou me sentar — disse o prisioneiro, adaptando a ação à palavra. — Este meu aneurisma me deixa cansado, e a briga que tivemos há meia hora não ajudou na questão. Estou à beira da morte, e não é provável que eu minta para vocês. Cada palavra que digo é a verdade absoluta, e a forma como vocês a usarão não me diz respeito.

Com estas palavras, Jefferson Hope se inclinou para trás em sua cadeira e começou a seguinte declaração notável. Falou de modo sereno e metódico, como se os acontecimentos que narrava fossem suficientemente banais. Posso atestar a veracidade do depoimento, pois tive acesso ao caderno de anotações de Lestrade, no qual as palavras do prisioneiro foram anotadas exatamente como foram ditas.

— Não importa muito para vocês por que eu odiava esses homens — disse ele —, mas importa o suficiente que eles fossem culpados da morte de dois seres humanos, um pai e uma filha, e que, por isso, tenham perdido suas vidas. Após o tempo que se passou desde o crime, era impossível obter uma condenação contra eles em qualquer tribunal. Mas eu sabia da culpa e determinei que eu deveria ser juiz, júri e carrasco. Vocês teriam feito o mesmo, se tivessem alguma virilidade dentro de si ou se estivessem no meu lugar.

"Essa menina de quem falei deveria ter se casado comigo vinte anos atrás. Ela foi forçada a casar com Drebber, e seu coração se partiu por causa disso. Tirei o anel de casamento do dedo morto dela, e jurei que os olhos moribundos de Drebber deveriam repousar sobre aquele mesmo anel, e que seus últimos pensamentos deveriam ser sobre o crime pelo qual ele era punido. Eu o carreguei comigo e segui a ele e ao seu cúmplice por dois continentes até apanhá-los. Eles tentaram me cansar, mas não conseguiram. Se eu morrer amanhã, como é provável, morrerei sabendo que o meu trabalho nesse mundo está feito. Eles morreram, e pela minha mão. Não me resta nada para esperar, ou desejar.

"Eles eram ricos e eu pobre, então não era fácil para mim segui-los. Quando cheguei a Londres, o meu bolso estava quase vazio, e descobri que tinha de me virar para conseguir alguma coisa para viver. Condução e equitação são tão naturais para mim quanto andar, então me candidatei à vaga da companhia de carruagens e consegui um emprego. Eu deveria trazer uma certa quantia por semana para o dono, e o que quer que fosse que eu pudesse guardar era para mim mesmo. Raramente havia muito mais, mas consegui juntar de alguma forma. O trabalho mais difícil era aprender o caminho, pois acho que de todos os labirintos que já foram inventados, esta cidade é a mais confusa. Mas eu tinha um mapa ao meu lado, e uma vez que guardei os principais hotéis e estações, me dei muito bem.

"Demorou algum tempo até eu descobrir onde os dois cavalheiros estavam morando, mas perguntei e perguntei até que por fim cruzei com eles. Estavam num pensionato em Camberwell, do outro lado do rio. Quando os descobri, soube que os tinha à minha mercê. Tinha deixado crescer a barba, e não havia hipótese de eles me reconhecerem. Eu os farejaria e perseguiria até ter uma oportunidade. Estava determinado a não deixar que me escapassem outra vez.

"Estavam muito perto de conseguir de novo. Onde quer que fossem em Londres, eu estava sempre nos seus calcanhares. Às vezes eu os seguia na minha carruagem, outras vezes a pé, mas o primeiro era o melhor, porque então eles não podiam fugir de mim. Era só de manhã cedo ou à noite que eu podia ganhar alguma coisa, de modo que comecei a ficar devendo ao meu patrão. Eu não me importava com isso, enquanto pudesse pôr as mãos nos homens que eu queria.

"Eles eram muito astutos. Devem ter pensado que havia alguma chance de serem seguidos, então nunca saíam sozinhos e nunca depois do anoitecer. Durante duas semanas fiquei atrás deles todos os dias e nunca os vi separados. O próprio Drebber estava bêbado metade do tempo, mas Stangerson nunca era apanhado tirando uma soneca. Os observei tarde e cedo, e nunca vi nem o fantasma de uma chance, mas não fiquei desanimado, pois algo me dizia que a hora estava quase chegando. O meu único medo era que esta coisa no meu peito pudesse arrebentar cedo demais e meu trabalho ser deixado por fazer.

"Finalmente, uma noite eu estava dirigindo para cima e para baixo na Torquay Terrace, como era chamada a rua na qual eles entraram, quando vi uma carruagem dirigir até a porta deles. Naquele momento algumas bagagens eram trazidas para fora, e depois de um tempo Drebber e Stangerson entraram e foram embora. Chicoteei o meu cavalo e me mantive no rastro deles, me sentindo muito pessimista, porque eu temia que fossem mudar de locação. Eles saíram na estação Euston. Eu deixei um rapaz segurando o meu cavalo e os segui até a plataforma. Os ouvi pedir assentos no trem para Liverpool, e o guarda respondeu que um tinha acabado de partir e que só haveria outro dentro de algumas horas. Stangerson pareceu chateado, mas Drebber parecia mais satisfeito do que o contrário. Cheguei tão perto deles na agitação dos passantes que podia ouvir cada palavra que eles trocavam. Drebber disse que tinha um pequeno negócio para fazer sozinho e perguntou se o outro esperaria por ele, que logo estariam juntos. Seu companheiro pareceu insatisfeito e lembrou a ele que tinham decidido ficar juntos. Drebber respondeu que o assunto era delicado e que tinha de ir sozinho. Eu não consegui entender o que Stangerson respondeu, mas o outro explodiu em xingamentos lembrando ao primeiro que ele não era nada mais do que seu servo pago, e que ele não deveria lhe ditar o que fazer. Com isso dito, o secretário reclamou do seu terrível emprego, e simplesmente barganhou com ele que se perdessem o último trem, deveriam se encontrar no Hotel Halliday's Private, ao qual Drebber respondeu que estaria de volta à plataforma antes das onze, e saiu da estação.

"O momento pelo qual esperei tanto tempo tinha finalmente chegado. Tinha os meus inimigos ao meu alcance. Juntos eles poderiam proteger um ao outro, mas individualmente estavam à minha mercê. Não agi com precipitação indevida. Os meus planos já estavam formados. Não há satisfação na vingança a menos que o ofensor tenha tempo para perceber quem é que o atinge e porque se dá a retaliação que vem sobre ele. Eu tinha meus planos organizados para que eu tivesse a oportunidade de fazer com que o homem que me tinha ofendido entendesse que seu velho pecado o havia encontrado. Por acaso, alguns dias antes um cavalheiro que tinha estado envolvido em olhar algumas casas na estrada Brixton tinha deixado cair a chave de uma delas na minha carruagem. A chave foi procurada naquela mesma noite, e devolvida, mas no intervalo eu tinha feito um molde e tinha uma cópia. Assim, tinha acesso a pelo menos um lugar nesta grande cidade onde eu poderia confiar de estar livre de interrupções. Como levar Drebber para aquela casa era o problema que eu tinha de resolver.

"Ele andou pela estrada e entrou em uma ou duas lojas de bebidas, ficando por quase meia hora na última delas. Quando saiu, cambaleou na sua caminhada e, evidentemente, estava muito embriagado. Havia um Hansom à minha frente e ele pegou o transporte. Eu o segui tão perto que o focinho do meu cavalo estava a um metro do motorista dele o caminho todo. Atravessamos a ponte Waterloo e andamos por quilômetros de ruas, até que, para meu espanto, nos encontramos de volta na rua em que ele havia embarcado. Eu não podia imaginar que sua intenção era voltar para lá; mas eu fui em frente e levei minha carruagem até uns cem metros da casa.

Ele entrou nela, e o seu Hansom foi se embora. Me dê um copo de água, por favor. A minha boca fica seca de tanto falar."

Eu lhe entreguei o copo e ele bebeu.

— Assim está melhor — disse ele. — Bem, esperei um quarto de hora, ou mais, quando de repente ouvi um barulho como de pessoas lutando dentro da casa. No momento seguinte a porta foi aberta abruptamente e apareceram dois homens, um dos quais era Drebber e o outro era um jovem que eu nunca tinha visto antes. Este homem segurava Drebber pelo colarinho, e quando chegaram ao início dos degraus, lhe deu um empurrão e um pontapé que o fez atravessar meio caminho. "Seu vagabundo", gritou, sacudindo um pedaço de madeira. "Vou te ensinar a respeitar uma mulher honesta!" Ele estava tão fora de si que acho que ele teria espancado Drebber com seu cassetete, só que o curvado cambaleou pela estrada tão rápido quanto suas pernas o carregaram. Ele correu até à esquina, e depois, vendo a minha carruagem, me chamou e saltou para dentro. "Me leve até o Hotel Halliday's Private", disse ele.

"Quando eu o tinha dentro da minha carruagem, meu coração pulava tanto de alegria que eu temia que, neste último momento, meu aneurisma pudesse se romper. Dirigi devagar, pesando na minha própria mente o que era melhor fazer. Poderia levá-lo diretamente para o interior e lá, numa rua deserta, ter a minha última conversa com ele. Eu quase tinha decidido sobre isso quando ele resolveu o problema por mim. A loucura pela bebida o tinha apanhado outra vez, e ele ordenou que eu parasse à porta de um bar. Ele entrou, dizendo que eu devia esperar por ele. E lá permaneceu até à hora de fechar e, quando saiu, estava tão bêbado que eu sabia que o jogo estava nas minhas próprias mãos.

"Não imaginem que eu pretendia matá-lo a sangue frio. Só teria sido justiça de verdade se o tivesse feito, mas não consegui. Há muito tempo determinei que eles deveriam ter a chance de ir embora dessa vida dignamente, se fossem capazes de agarrá-la. Entre os muitos trabalhos que tive na América durante minha vida errante, já fui zelador e varredor do laboratório da Faculdade de York. Um dia o professor estava dando aulas sobre venenos e mostrou a seus alunos alguns alcaloides, como ele chamou, que ele tinha extraído de algum veneno de flecha sul-americano, e que era tão poderoso que o menor grão significava morte instantânea.

"Eu vi a garrafa em que a poção estava guardada e, quando todos eles se foram, coletei um pouco dela. Eu me saía bem como farmacêutico, então trabalhei os alcaloide até virarem pílulas pequenas e solúveis, e coloquei cada pílula em uma caixa com uma pílula semelhante feita sem o veneno. Determinei que, quando eu tivesse minha chance, meus alvos deveriam cada um pegar uma pílula de uma dessas caixas, enquanto eu tomaria a pílula que ficou. Seria mortífero e muito menos barulhento do que atirar usando um lenço para abafar o ruído. Desde aquele dia, sempre tinha comigo as caixas de comprimidos, e agora era chegada a hora de usá-las.

"Era perto da uma da manhã de uma noite selvagem e sombria, soprando forte e chovendo em torrentes. Por mais desinteressante que fosse o exterior, eu estava feliz por dentro — tão feliz que eu poderia ter gritado de pura exultação. Se algum de vocês, cavalheiros, alguma vez se afeiçoasse a alguma coisa e ansiasse por isso durante vinte longos anos e de repente a encontrasse ao seu alcance, entenderia os meus sentimentos. Eu acendi um charuto, e dei um trago para acalmar as minhas mãos que tremiam e as minhas têmporas vibravam de excitação. Enquanto dirigia, eu podia ver o velho John Ferrier e a doce Lucy me olhando através da escuridão e sorrindo para mim, tão claro quanto vejo todos vocês nessa sala. Todo o caminho eles estavam à minha frente, um de cada lado do cavalo, até que eu parei na casa na estrada Brixton.

"Não havia uma alma para ser vista, nem um som para ser ouvido, a não ser o gotejar da chuva. Quando olhei para a janela, encontrei Drebber todo amontoado num sono de embriaguez.

"Apertei o braço dele. 'Está na hora de sair', falei.

"'Tudo bem, cocheiro', disse ele.

"Suponho que ele pensou que tínhamos chegado ao hotel, pois ele saiu sem dizer mais nada, e me seguiu pelo jardim. Eu tinha que andar ao lado dele para mantê-lo firme, porque ele ainda estava embriagado. Quando chegamos na porta, abri e o levei para a sala da frente. Dou a minha palavra de que o pai e a filha estavam à nossa frente.

"'Está infernalmente escuro', comentou ele, batendo nas coisas à volta.

"'Em breve teremos luz', respondi, pegando um fósforo e acendendo a vela de cera que eu levara comigo.

"'Agora, Enoch Drebber', continuei, me voltando para ele, e segurando a luz no meu próprio rosto, 'quem sou eu?'

"Ele olhou para mim com olhos claros e bêbados por um momento, e então vi um horror brotar neles e convulsionar todos os seus traços, o que me mostrou que ele me reconhecia. Ele cambaleou para trás com um rosto lívido, e vi a transpiração irromper em cima de sua sobrancelha, enquanto os dentes batiam sacudindo toda a cabeça. Inclinei as costas contra a porta e ri alto e longo. Eu sempre soube que a vingança seria doce, mas nunca esperei pelo contentamento de alma que agora me possuía.

"'Seu cão! Eu o persegui desde a cidade de Salt Lake até São Petersburgo, e você sempre me escapava. Agora, as suas andanças chegaram ao fim, e nem você nem eu veremos o nascer do sol de amanhã.' Ele cambaleou para ainda mais longe enquanto eu falava, e pude ver no rosto dele que ele pensou que eu estava louco. E eu estava naquela hora. A pulsação em minhas têmporas batia como marretas, e acredito que eu teria tido um ataque de algum tipo se o sangue não tivesse jorrado do meu nariz e me aliviado.

"'O que você acha de Lucy Ferrier agora?', gritei, tranquei a porta e abanei a chave na cara dele. 'O castigo demorou para chegar, mas finalmente o alcançou.' Vi os seus lábios covardes tremerem enquanto falava. Ele teria implorado pela sua vida, mas sabia bem que era inútil.

"'Vo-você vai me ma-matar?', gaguejava ele.

"'Não há homicídio', respondi. 'Quem fala de assassinar um cão louco? Que misericórdia teve você com a minha pobre querida, quando a arrastou do seu pai abatido e a levou para o seu harém amaldiçoado e sem vergonha!'

"'Não fui que matei o pai dela', gritou ele.

"'Mas foi você que partiu o seu coração inocente', gritei, atirando a caixa à sua frente. 'Deixe que o alto Deus julgue entre nós. Escolha e tome uma pílula. Há morte em uma e vida na outra. Vou tomar a que você deixar. Vamos ver se há justiça na terra, ou se somos governados pelo acaso.

"Ele se encolheu com gritos selvagens e orações de misericórdia, mas peguei minha faca e a segurei em sua garganta até que ele me obedecesse. Então engoli a outra pílula, e ficamos em silêncio um diante do outro por um minuto ou mais, aguardando para ver qual iria viver e qual iria morrer. Será que um dia vou me esquecer do momento em que as primeiras dores de aviso lhe disseram que o veneno estava no seu sistema? Eu ri quando vi e segurei o anel de casamento de Lucy à frente dos olhos dele. Foi apenas por um momento, pois a ação do alcaloide é rápida. Um espasmo de dor contorceu suas feições. Ele jogou as mãos a sua frente, cambaleou e, então, com um grito rouco, caiu pesadamente sobre o chão. Eu o virei com o meu pé, e pus minha mão sobre o seu coração. Não havia nenhum batimento. Ele estava morto!

"O sangue tinha jorrado do meu nariz, mas eu não tinha reparado nisso. Não sei bem o que pôs na minha cabeça que tinha de escrever na parede com ele. Talvez tenha sido uma ideia maliciosa de colocar a polícia num caminho errado, porque me sentia alegre e realizado. Me lembrei de um alemão sendo encontrado em Nova York com RACHE escrito acima dele, e foi argumentado na época nos jornais que as sociedades secretas devem ter feito isso. Adivinhei que o que intrigou os nova-iorquinos iria intrigar os londrinos, então mergulhei meu dedo no meu próprio sangue e escrevi em um lugar conveniente na parede. Daí fui até a minha carruagem e descobri que não havia ninguém por perto e que a noite continuava chuvosa. Eu tinha percorrido alguma distância quando coloquei a mão no bolso em que costumava guardar o anel de Lucy e descobri que ele não estava lá. Fiquei atordoado, pois era a única recordação que tinha dela. Pensando que eu poderia ter deixado cair quando me inclinei sobre o corpo de Drebber, voltei e, deixando minha carruagem em uma rua lateral, fui corajosamente até a casa — porque eu estava pronto para enfrentar qualquer coisa em vez de perder o anel. Quando cheguei lá, acabei dando de cara com um policial que estava saindo, e só consegui desarmar suas suspeitas fingindo estar bêbado.

"Foi assim que Enoch Drebber chegou ao seu fim. Agora eu só tinha de fazer o mesmo com Stangerson e cobrar a dívida de John Ferrier. Eu sabia que ele estava hospedado no Hotel Halliday's Private e passei o dia todo lá, mas ele nunca saiu. Imaginei que ele suspeitou de algo quando Drebber não apareceu. Ele era astuto e estava sempre de guarda. Se ele achou que podia me manter afastado ficando dentro de casa, estava muito enganado. Logo descobri qual era a janela de seu quarto, e na manhã seguinte aproveitei algumas escadas que estavam jogadas na rua atrás do hotel, e assim entrei no quarto dele na madrugada cinzenta. Eu o acordei e disse que tinha chegado a hora de ele responder pela vida que tinha levado tanto tempo antes. Lhe descrevi a morte de Drebber e dei a mesma escolha dos comprimidos envenenados.

"Em vez de agarrar a chance de dignidade que eu oferecia, ele saltou de sua cama e voou para a minha garganta. Em legítima defesa, eu o esfaqueei no coração. Teria sido o mesmo em qualquer caso, pois a Providência nunca teria permitido que sua mão culpada escolhesse nada além do veneno.

"Tenho pouco mais a dizer, estou quase acabando. Continuei na carruagem por um dia ou mais, com a intenção de continuar até que eu pudesse economizar o suficiente para me levar de volta a América. Eu estava no quintal quando um jovem esfarrapado perguntou se havia um taxista lá chamado Jefferson Hope, e disse que sua carruagem era procurada por um cavalheiro na casa da Baker Street, 221B. Andei por aí, sem suspeitar de nada de mal, e a próxima coisa que sei é que este homem aqui estava me algemando, e o mais certeiramente que já vi em minha vida. Essa é toda a minha história, cavalheiros. Vocês podem me considerar um assassino, mas acho que sou tanto oficial de justiça quanto vocês."

Tão emocionante tinha sido a narrativa do homem, e suas maneiras tão impressionantes, que tínhamos ficado em silêncio e absorvidos. Mesmo os detetives profissionais, *blasés* como eram em todos os detalhes do crime, pareciam estar muito interessados na história do homem.

Quando ele terminou, sentamos por alguns minutos em uma quietude que só foi quebrada pelo arranhão do lápis de Lestrade quando ele escreveu a última frase de suas poucas anotações.

— Há apenas um ponto sobre o qual gostaria de ter mais informações — disse Sherlock Holmes. — Quem foi o cúmplice que veio buscar o anel que anunciei?

O prisioneiro piscou o olho ao meu amigo ironicamente.

— Posso contar os meus segredos — disse ele —, mas não meto as outras pessoas em apuros. Vi o anúncio e pensei que podia ser um qualquer ou o anel que eu queria. O meu amigo se voluntariou para ver. Acho que você deve admitir que ele fez isso de forma inteligente.

— Não há dúvida disso — disse Holmes calorosamente.

— Agora, cavalheiros — comentou o inspetor gravemente —, a lei deve ser cumprida. Na quinta-feira, o prisioneiro será levado perante os juízes e a sua presença será requerida. Até lá, serei responsável por ele.

Ele tocou o sino enquanto falava, e Jefferson Hope foi conduzido por um par de guardas, enquanto meu amigo e eu saíamos da estação e pegamos uma carruagem de volta para Baker Street.

CAPÍTULO VII

A CONCLUSÃO

Todos nós fomos avisados para comparecer perante os juízes na quinta-feira, mas, chegada a quinta-feira, não houve ocasião para o nosso testemunho. Um juiz do mais alto escalão tinha pego o caso e Jefferson Hope tinha sido convocado perante um tribunal onde lhe seria feita justiça estrita.

Na noite seguinte à sua captura, o aneurisma arrebentou, e ele foi encontrado de manhã estirado sobre o chão da cela, com um sorriso plácido no rosto, como se tivesse sido capaz, nos seus últimos momentos, de olhar para trás, para uma vida útil, e para um trabalho bem feito.

— Gregson e Lestrade ficarão loucos com sua morte — comentou Holmes, enquanto conversamos sobre isso na noite seguinte. — Como será o seu grande anúncio agora?

— Não acho que tiveram muito a ver com a sua captura — respondi.

— O que se faz neste mundo não importa — disse o meu companheiro, amargamente. — A questão é o que você consegue fazer as pessoas acreditarem que fez. Esqueça — continuou, mais brilhantemente, depois de uma pausa. — Eu não teria perdido essa investigação por nada. Não houve melhor caso na minha memória. Por mais simples que fosse, havia vários pontos esclarecedores.

— Simples!

— Bem, na verdade, dificilmente pode ser descrito de forma diferente — falou Sherlock Holmes, sorrindo para a minha surpresa. — A prova da sua simplicidade intrínseca é que, sem qualquer ajuda, a não ser por algumas deduções muito comuns, consegui colocar as mãos no criminoso em três dias.

— Isso é verdade — concordei.

— Já expliquei que tudo o que está fora do comum é mais uma pista do que um obstáculo. Ao resolver um problema deste tipo, o mais importante é poder raciocinar de trás para frente. É uma realização muito útil e muito fácil, mas as pessoas não a praticam muito. Nos assuntos do dia a dia da vida é mais útil pensar sinteticamente, e assim o pensamento vertical e analítico é negligenciado. Há cinquenta pessoas que conseguem raciocinar sinteticamente para uma que consegue raciocinar analiticamente.

— Confesso que não entendi muito bem.

— Não esperava que conseguisse. Me deixe ver se consigo esclarecer. A maioria das pessoas, se você descrever uma sequência de eventos para elas, lhe dirá qual seria o resultado. Eles conseguem organizar esses eventos em suas mentes e concluem disso que algo acontecerá. No entanto, há poucas pessoas que, se lhes dissessem um resultado, poderiam concluir a partir da sua própria consciência interior quais foram os passos que levaram a esse resultado. Este poder é ao que estou me referindo quando falo de raciocínio ao contrário, ou analítico.

— Entendi.

— Este foi um caso em que lhe foi dado o resultado e você tinha que descobrir todo o resto dos passos. Agora me deixe tentar mostrar os diferentes passos do meu raciocínio. Para começar do início, eu me aproximei da casa, como você sabe, a pé, e com a minha mente livre de qualquer impressão. Comecei examinando a estrada e lá, como já te expliquei, vi as marcas de uma carruagem que, segundo me foi informado, devia ter estado lá durante a noite. Eu me convenci de que era uma cabine e não uma carruagem particular pela largura estreita das rodas. O transporte londrino comum é consideravelmente menos largo do que uma carruagem de cavalheiro.

"Este foi o primeiro ponto ganho. Caminhei então lentamente pelo jardim, que passava a ser composto por um solo argiloso, peculiarmente adequado para tirar impressões. Sem dúvida parecia ser uma mera linha de lama pisoteada, mas para os meus olhos treinados, cada marca na sua superfície tinha um significado. Não há nenhum ramo da ciência detetive que seja tão importante e tão negligenciado quanto a arte de traçar passos.

"Felizmente, sempre coloquei grande ênfase sobre ela, e muita prática a tornou uma segunda natureza para mim. Vi as pesadas marcas dos guardas, mas vi também a pista dos dois homens que tinham passado primeiro pelo jardim. Era fácil dizer que eles tinham estado antes dos outros, porque havia lugares onde as suas marcas tinham sido completamente obliteradas pelos outros que tinham vindo em cima deles. Assim, se formou meu segundo elo, que me dizia que os visitantes noturnos eram dois em número, um notável por sua altura (como eu calculava a partir do comprimento de sua passada), e o outro elegantemente vestido, a julgar pela pequena e elegante impressão deixada por suas botas.

"Ao entrar na casa, esta última inferência foi confirmada. O homem bem-vestido estava diante de mim. O alto, então, tinha cometido o homicídio, se é que houve homicídio. Não havia ferida no homem morto, mas a expressão agitada no seu rosto me assegurava de que ele havia previsto o seu destino antes que chegasse até ele. Os homens que morrem de doença cardíaca, ou de qualquer causa natural súbita, nunca por acaso exibem essa agitação nas suas feições. Tendo cheirado os lábios do morto, detectei um cheiro ligeiramente amargo e cheguei à conclusão de que ele tinha sido envenenado. Novamente, eu argumentei que ele tinha sido forçado a isso pelo ódio e medo expressados em seu rosto. Cheguei a este resultado pelo método da exclusão, pois nenhuma outra hipótese se encaixaria nos fatos. Não imagine que era uma ideia muito desconhecida. A administração forçada de veneno não é nada de novo no mundo do crime. Os casos de Dolsky em Odessa, e de Leturier em Montpellier, serão lembrados imediatamente por qualquer toxicologista.

"E agora veio a grande questão sobre o porquê. O roubo não tinha sido objeto do homicídio, pois nada foi levado. Foi política, então, ou foi uma mulher? Essa foi a pergunta que me confrontou. Eu tendi da primeira à segunda suposição. Os assassinos políticos estão muito contentes por fazerem o seu trabalho e fugirem. Este assassinato, pelo contrário, tinha sido feito de forma muito deliberada, e o autor do crime tinha deixado os seus rastros por toda a sala, mostrando que tinha estado lá. Deve ter sido um crime passional, e não político, que exigiu uma vingança tão metódica. Quando a inscrição foi descoberta na parede, eu estava mais inclinado do que nunca à minha opinião.

"A coisa era evidentemente feita para despistar. No entanto, quando o anel foi encontrado, resolveu-se a questão. Claramente, o assassino tinha usado para lembrar a vítima de uma mulher morta ou ausente. Foi nessa altura que perguntei a Gregson se ele tinha perguntado no seu telegrama para Cleveland sobre qualquer ponto específico da carreira anterior do sr. Drebber. Ele respondeu, você se lembra, negativamente.

"Procedi então para um exame cuidadoso da sala, que confirmou a minha opinião quanto à altura do assassino, e me forneceu detalhes adicionais sobre o charuto Trichinopoly e o comprimento de suas unhas. Eu tinha já chegado à conclusão, uma vez que não havia sinais de luta, que o sangue que cobria o chão tinha sido jorrado do nariz do assassino na sua excitação. Eu podia perceber que o rastro de sangue coincidia com o rastro dos seus pés. É raro que qualquer homem, a não ser que tenha muito sangue quente, se descontrole dessa forma por emoção, por isso acreditei que o criminoso era provavelmente um homem robusto e com o rosto avermelhado. Os acontecimentos provaram que eu tinha julgado corretamente.

"Tendo saído da casa, fiz o que Gregson tinha negligenciado. Telegrafei o chefe da polícia em Cleveland, limitando o meu inquérito às circunstâncias relacionadas com o casamento de Enoch Drebber. A resposta foi conclusiva. Me disse que Drebber já tinha pedido a proteção da lei contra um velho rival passional, chamado Jefferson Hope, e que este mesmo Hope estava presentemente na Europa. Agora eu sabia que tinha na minha mão a pista do enigma e tudo o que me restava era capturar o assassino.

"Eu já tinha determinado em minha própria mente que o homem que tinha entrado na casa com Drebber não era outro senão o homem que tinha conduzido a carruagem. As marcas na estrada me mostraram que o cavalo tinha vagueado para uma área que não teria sido possível se houvesse alguém encarregado das rédeas. Onde, então, poderia estar o motorista, a menos que estivesse dentro da casa? Mais uma vez, é absurdo supor que qualquer homem são cometeria um crime deliberado sob os próprios olhos, por assim dizer, de uma terceira pessoa, que certamente o trairia. Por fim, supondo que um homem quisesse arrastar outro por Londres, que melhor meio poderia adotar do que se transformar no cocheiro? Todas estas considerações me levaram à conclusão irresistível de que Jefferson Hope estava entre as *jarveys* das Metrópoles.

"Se ele fosse um cocheiro, não havia razão para acreditar que tinha deixado de ser. Pelo contrário, do seu ponto de vista, qualquer mudança súbita seria capaz de chamar a atenção para si mesmo. Ele iria, provavelmente, por algum tempo pelo menos, continuar a desempenhar as suas funções. Não havia razão para supor que ele ia fazê-lo com um nome falso. Por que haveria ele de mudar de nome num país onde ninguém conhecia o original? Por isso organizei o meu corpo de detetives de rua e os enviei sistematicamente a todos os proprietários de carruagens em Londres até que encontraram o homem que eu queria. O quanto foram bem-sucedidos, e o quão rápido me aproveitei disso ainda devem estar frescos na sua memória. O assassinato de Stangerson foi um incidente inesperado, mas que, em todo o caso, poderia ter sido evitado. Através dele, como você sabe, eu tomei posse dos comprimidos, cuja existência eu já tinha suposto. A coisa toda é uma cadeia de sequências lógicas sem quebra ou falha."

— É maravilhoso! — expressei. — Os seus méritos devem ser reconhecidos publicamente. Você deve publicar um relato do caso. Se não fizer, faço por você.

— Pode fazer o que quiser, doutor — respondeu ele. — Veja aqui! — continuou, me entregando um papel. — Olhe para isto!

Era o jornal *Echo* do dia, e o parágrafo a que ele se referia foi dedicado ao caso em questão.

O público perdeu uma surpresa sensacional com a morte súbita do homem Hope, suspeito do assassinato do sr. Enoch Drebber e do sr. Joseph Stangerson. Os detalhes do caso provavelmente nunca serão revelados, embora tenhamos sido informados pelas autoridades que o crime foi o resultado de uma antiga rixa romântica e permanente, na qual o amor e a religião mórmon tinham seus papéis. Parece que ambas as vítimas pertenciam, na sua juventude, aos Santos dos Últimos Dias, e Hope, o prisioneiro falecido, também vem da cidade de Salt Lake. Mesmo que o caso não tenha sido realmente efetivo, ele realça da forma mais impressionante a eficiência da nossa força policial de detetives e servirá de lição a todos os estrangeiros de que farão bem em resolver as suas rixas internamente, e não em trazê-las para o solo britânico. É um segredo aberto que o crédito desta captura inteligente pertence aos conhecidos funcionários da Scotland Yard, os oficiais sr. Lestrade e sr. Gregson. O homem foi detido, ao que parece, no apartamento de um certo sr. Sherlock Holmes, que, como amador, mostrou algum talento de detetive e que, sob tutela de tais instrutores, pode esperar com o tempo atingir um grau similar de habilidade. Espera-se que uma homenagem de algum tipo seja apresentada aos dois oficiais como um reconhecimento adequado dos seus serviços.

— Não disse quando começamos?! — gritou Sherlock Holmes com uma gargalhada. — Esse é o resultado de todo o nosso estudo em vermelho: conseguir o depoimento para a polícia!

— Não importa — respondi. — Tenho todos os fatos no meu diário e o público tem o direito de conhecê-los. Entretanto, você tem de se contentar com a consciência do sucesso, como o ditado romano: "Populus me sibilat, at mihi plaudo/Ipse domi simul ac nummos contemplor in arca."